Die Pretrial Discovery

AF828288

Europäische Hochschulschriften

European University Studies

Publications Universitaires Européennes

Reihe II **Rechtswissenschaft**

Series II Law

Série II Droit

Band/Volume **5926**

Juliane Landwehr

Die Pretrial Discovery

Eine funktionale Analyse

PL ACADEMIC RESEARCH

Bibliografische Information der Deutschen Nationalbibliothek
Die Deutsche Nationalbibliothek verzeichnet diese Publikation in der Deutschen Nationalbibliografie; detaillierte bibliografische Daten sind im Internet über http://dnb.d-nb.de abrufbar.

Zugl.: Trier, Univ., Diss., 2017

D 385
ISSN 0531-7312
ISBN 978-3-631-72411-8 (Print)
E-ISBN 978-3-631-72419-4 (E-PDF)
E-ISBN 978-3-631-72420-0 (EPUB)
E-ISBN 978-3-631-72421-7 (MOBI)
DOI 10.3726/b11193

© Peter Lang GmbH
Internationaler Verlag der Wissenschaften
Frankfurt am Main 2017
Alle Rechte vorbehalten.
PL Academic Research ist ein Imprint der Peter Lang GmbH.
Peter Lang – Frankfurt am Main · Bern · Bruxelles · New York · Oxford · Warszawa · Wien

Das Werk einschließlich aller seiner Teile ist urheberrechtlich geschützt.
Jede Verwertung außerhalb der engen Grenzen des Urheberrechtsgesetzes ist ohne Zustimmung des Verlages unzulässig und strafbar.
Das gilt insbesondere für Vervielfältigungen, Übersetzungen, Mikroverfilmungen und die Einspeicherung und Verarbeitung in elektronischen Systemen.

Diese Publikation wurde begutachtet.

www.peterlang.com

Vorwort

Die vorliegende Arbeit wurde im Wintersemester 2016/2017 vom Fachbereich Rechtswissenschaft der Universität Trier als Dissertation angenommen.

Mein Dank gilt meinem Doktorvater, Herrn Professor Thomas Rüfner, der die Arbeit betreut und das Thema angeregt hat. Für die Erstellung des Zweitgutachtens danke ich Herrn Professor Jens Kleinschmidt.

Bonn, im März 2017 Juliane Landwehr

Inhaltsverzeichnis

Abkürzungsverzeichnis

a.F.	alter Fassung
AG	Aktiengesellschaft
ALJ	Administrative Law Judge
BaFin	Bundesanstalt für Finanzdienstleistungsaufsicht
BGB	Bürgerliches Gesetzbuch
BRAK-Mitt.	Mitteilungen der Bundesrechtsanwaltskammer
BT-Drs.	Drucksachen des Deutschen Bundestages
bzw.	beziehungsweise
Einl.	Einleitung
f.	folgende
FAPA	Federal Administrative Procedure Act
FBI	Federal Bureau of Investigation
ff.	fortfolgende
FinDAG	Gesetz über die Bundesanstalt für Finanzdienstleistungsaufsicht
Fn.	Fußnote
FRCP	Federal Rules of Civil Procedure
FRE	Federal Rules of Evidence
FS	Festschrift
GG	Grundgesetz
HBÜ	Übereinkommen über die Beweisaufnahme im Ausland in Zivil- oder Handelssachen
HGB	Handelsgesetzbuch
HZÜ	Haager Übereinkommen über die Zustellung gerichtlicher und außergerichtlicher Schriftstücke im Ausland in Zivil- oder Handelssachen
i.V.m.	in Verbindung mit
JVEG	Gesetz über die Vergütung von Sachverständigen, Dolmetscherinnen, Dolmetschern, Übersetzerinnen und Übersetzern sowie über die Entschädigung ehrenamtlicher Richterinnen, ehrenamtlicher Richter, Zeuginnen, Zeugen und Dritten
n.F.	neuer Fassung
Nr.	Nummer
OHG	Offene Handelsgesellschaft
PSLRA	Private Securities Litigation Reform Act

Rn.	Randnummer
S.	Seite
SEC	Securities and Exchange Commission
Sec.	Section
SNS	Social Networking Sites
StPO	Strafprozessordnung
USA	United States of America
U.S.C.	United States Code
v.	versus
Var.	Variante
vgl.	vergleiche
vol.	volume
VwGO	Verwaltungsgerichtsordnung
VwVfG	Verwaltungsverfahrensgesetz
WpHG	Wertpapierhandelsgesetz
ZPO	Zivilprozessordnung

Kapitel 1: Einleitung

§ 1 Justizkonflikt zwischen den USA und Deutschland

Der deutsch-amerikanische Justizkonflikt bewegt seit Jahrzehnten unentwegt, wenngleich mit wechselnder Intensität, die juristischen Gelehrten der USA und Deutschlands[1]. Insbesondere in spektakulären Strafprozessen mit grenzüberschreitendem Bezug wird ihm große Aufmerksamkeit zuteil[2]. Nicht weniger beachtenswert und interessant ist dieser Konflikt jedoch mit Blick auf Zivilprozesse[3]. In diesem Zusammenhang hat der Konflikt zahlreiche umfangreiche Beiträge aus der Wissenschaft und aus der Politik hervorgerufen[4].

Insbesondere im Zusammenhang mit dem Haager Übereinkommen über die Zustellung gerichtlicher und außergerichtlicher Schriftstücke im Ausland in Zivil- oder Handelssachen von 1965 (HZÜ) und dem Übereinkommen über die Beweisaufnahme im Ausland von Zivil- oder Handelssachen von 1970 zwischen der Bundesreplik und den USA zeigt der Konflikt seine Auswirkungen. Der Beitritt der USA zu diesen Übereinkommen hat den Begriff des „deutsch-amerikanischen Justizkonfliktes" wesentlich geprägt[5].

Der Schweregrad des Konflikts ist beachtlich. Unter deutschen Juristen hat er gar die Äußerung hervorgerufen, dass die Führung eines Zivilprozesses in den USA „traumatisch" sei[6].

Auslöser des Justizkonflikts sind teils große Unterschiede in der Gerichtsverfassung, in der Führung von Prozessen und im Verfahrensverständnis. Diese Differenzen führen zu gegenseitigem Unverständnis und sogar zu Misstrauen gegenüber dem fremden Rechtssystem[7].

Die ablehnende Haltung gegenüber der fremden Rechtsordnung gründet nicht auf abstrakten Rechtsvergleichen, sondern wird unter anderem wegen des zuvor erwähnten Haager Beweisaufnahmeübereinkommens von 1970 in konkreten Rechtsstreitigkeiten virulent. Bedingt durch die Verflechtungen der

1 Prütting, FS Jayme, S. 709.
2 Krey, S. 8.
3 Vgl. dazu Prütting, FS Jayme, S. 714.
4 Habscheid/ Stürner, S. 5.
5 Böhmer, NJW 1990, 3049 (3049); Huber, S. 6, 28.
6 Lange/ Black, S. 13; Prütting, FS Jayme, S. 709.
7 Schütze, RiW 2004, 162 (162); Habscheid/ Stürner, S. 8; Schütze, FS Stiefel, S. 698.

internationalen Wirtschaft[8] wirkt sich der Justizkonflikt in dem Sinne konkret aus, dass deutsche Unternehmen oder auch Privatpersonen dazu gezwungen sind, Rechtsstreitigkeiten (insbesondere in der Beklagtenrolle) in den USA auszutragen[9].

Dabei kommen die deutschen Beteiligten mit den nachstehend genannten Problemkomplexen in Berührung, die ihnen aus dem deutschen Rechtssystem nicht bekannt sind und aufgrund dessen für Unmut sorgen[10].

Zunächst gibt es in den USA die sogenannten class actions. Bei diesen handelt es sich um Sammelklagen, in deren Rahmen der Rechtsstreit nur von wenigen Vertretern einer „Klasse" ausgetragen wird, bei denen jedoch die Wirkung des Ausgangs des Rechtsstreits auch die nicht als Kläger auftretenden „Klassenmitglieder" beeinflusst[11]. Trotz kritischer Anmerkungen zu dieser Form der Klage sogar seitens der US-amerikanischen Rechtsprechung und auch der Rechtslehre hält der Kongress an ihnen fest[12].

Eine zweite Besonderheit für den deutschen Beklagten in einem US-amerikanischen Rechtsstreit liegt in der American Rule on Costs. Nach dieser ist vorgesehen, dass dem Gewinner eines Rechtsstreits im Falle seines Obsiegens keine Kosten von der Gegenseite erstattet werden[13].

Befremdlich für deutsche Juristen sind auch die punitive damages. Sie gewähren dem Kläger einen „Strafschadensersatz", den es in Deutschland nicht gibt[14].

Im Rahmen dieser Untersuchung liegt das Hauptaugenmerk auf der pretrial discovery. Es handelt sich bei ihr um ein Rechtsinstrument im US-amerikanischen Zivilprozess, das regelmäßig großes Unverständnis bei deutschen Juristen auslöst. Denn die pretrial discovery begründet zunächst auf Seiten des Beklagten umfangreichste Vorlagepflichten von Dokumenten. Es ist nicht selten, dass tausende Dokumente der gegnerischen Partei vorgelegt werden müssen[15]. Nach deutschem Rechtsverständnis könnten diese Vorlageverpflichtungen einen Verstoß gegen den verfassungsrechtlichen Grundsatz „nemo tenetur se ipsum accusare" begründen[16].

---

8 Schlosser, S. 42.

9 Schütze, RiW 2004, 162 (163); Böhmer, NJW 1990, 3049 (3049); Schütze, RiW 2005, 579 (579); Schlosser, S. 7 ff.; Prütting, FS Jayme, S. 710.

10 Böhmer, NJW 1990, 3049 (3049); Böhm, Rn. 685.

11 Böhm, Rn. 686; Prütting, FS Jayme, S. 709.

12 Schütze, RiW 2004, 162 (164); Prütting, FS Jayme, S. 709.

13 Hay, Rn. 154; Schlosser, S. 8; Habscheid/ Stürner, S. 13; Prütting, FS Jayme, S. 709.

14 Böhmer, NJW 1990, 3049 (3049); Prütting, FS Jayme, S. 709.

15 Siehr, ZfRV 25, 124 (129); Prütting, FS Jayme, S. 709; Schütze, FS Stiefel, S. 698.

16 Schütze, RiW 2004, 162 (163); Schlosser, S. 7; Schütze, FS Stiefel, S. 702.

Anders ausgedrückt werden der Partei durch die pretrial discovery Ermittlungsmöglichkeiten an die Hand gegeben, wie sie in Deutschland nicht einmal der Staatsanwaltschaft zustehen[17].

Die Amerikaner können die Zweifel der deutschen Juristen an der pretrial discovery kaum nachvollziehen. Ihnen erscheint es vielmehr unmöglich, einen Zivilprozess ohne eine pretrial discovery einem gerechten Ergebnis zuzuführen. Deutsche Rechtsgelehrte hingegen sind der Auffassung, einer pretrial discovery bedürfte es in Deutschland nicht, weil gerechte Ergebnisse auf andere Art und Weise erzielt werden könnten.

§ 2 Ziel der Untersuchung

Die grundsätzlichen Unterschiede in der Art und Weise der Sachverhaltsaufklärung im deutschen und im US-amerikanischen Zivilprozessrecht haben unter Berücksichtigung des deutsch-amerikanischen Justizkonfliktes Anlass zu der vorliegenden Untersuchung gegeben. Sie soll über die unterschiedlichen Herangehensweisen bei der Aufklärung des Sachverhalts, unter besonderer Berücksichtigung der Pflichten zur Dokumentenvorlage, aufklären. Ausgehend von diesen Darstellungen werden Überlegungen dazu angestellt, weshalb es der pretrial discovery in den USA bedarf bzw. warum bei der Durchführung eines deutschen Zivilprozesses auf sie verzichtet werden kann. Das Ergebnis wird auf den deutsch-amerikanischen Justizkonflikt zu übertragen sein. Möglicherweise könnte das Verständnis für das fremde Rechtssystem unter einer funktionalen Betrachtung der unterschiedlichen Mechanismen gefördert werden.

§ 3 Thesen der Untersuchung

Bei einer funktionalen Betrachtungsweise der pretrial discovery könnte angenommen werden, dass sich dadurch der zuvor erwähnte Justizkonflikt im Ergebnis als weniger gravierend darstellt, als er bisher von vielen Seiten eingestuft wurde. Diese Annahme könnte sich unter Zugrundelegung folgender Thesen belegen lassen.

Zwischen der pretrial discovery und bestimmten Rechtsmechanismen im deutschen Zivilprozess besteht eine funktionale Äquivalenz. Das heißt, die Funktionen der pretrial discovery werden in Deutschland durch andere rechtliche Mechanismen kompensiert.

---

17 Schlosser, S. 7 f.; Habscheid/ Stürner, S. 8.

Konkret handelt es sich unter anderem um die folgenden Mechanismen:

- Das Fehlen der pretrial discovery wird zum Teil dadurch kompensiert, dass sich der Kläger im deutschen Zivilverfahren vielfach die Ergebnisse eines zuvor nach der Untersuchungsmaxime geführten Strafverfahrens zunutze machen kann.
- Das in Deutschland geltende Gebot der Unparteilichkeit der Sachverständigen wird in den USA durch die pretrial discovery kompensiert.

§ 4 Aufbau der Untersuchung

Die Frage nach einer möglichen funktionalen Äquivalenz zwischen der Sachverhaltsaufklärung in Deutschland und der pretrial discovery in den USA wird untersucht, indem in einem ersten Schritt die historische Entwicklung des Zivilprozesses in Deutschland und in den USA insbesondere im Hinblick auf die Vorlage von Urkunden erörtert wird. Im Anschluss daran folgt eine rechtsvergleichende Darstellung der aktuellen Rechtslage in Deutschland und in den USA. Daran anknüpfend werden die Funktionen, die in den USA mit der pretrial discovery verfolgt werden, aufgezeigt, um abschließend darzulegen, durch welche rechtlichen Mechanismen das Fehlen der pretrial discovery im deutschen Zivilprozess kompensiert wird.

Kapitel 2: Editionspflichten im historischen Zivilprozess

§ 1 Einleitung

Um die Funktionen der US-amerikanischen pretrial discovery mit denjenigen zur Aufklärung des Sachverhaltes nach der deutschen Zivilprozessordnung[18] vergleichen zu können, ist ein Rückblick auf deren geschichtliche Entwicklung hilfreich. Für den Bereich der USA beschränkt sich diese Untersuchung auf die Darstellung eines Zivilprozesses nach dem Bundesrecht, also nach den Federal Rules of Civil Procedure[19]. Zwar verfügt in den USA jeder Bundesstaat über seine eigene Prozessordnung für Zivilprozesse. Prinzipiell gilt auch diese allein vor den Gerichten in dem jeweiligen Bundesstaat. Die Zivilgerichte des Bundes sind nur unter bestimmten Voraussetzungen für Zivilprozesse zuständig. Zum Beispiel wird ihre Zuständigkeit durch die sogenannte diversity jurisdiction begründet. Das bedeutet, dass entweder die Prozessparteien aus unterschiedlichen US-Bundesstaaten stammen oder dass sie keine US-Bürger sind. Außerdem muss der Streitwert 75.000 Dollar überschreiten und der Fall darf nicht in die ausschließliche Zuständigkeit eines einzelstaatlichen Gerichts fallen[20]. Insbesondere aber wegen des Vorbildcharakters[21] der bundesrechtlichen Regelungen für Zivilprozesse, ist es für die Darstellung der pretrial discovery ausreichend, das Bundesrecht vorzustellen.

Gemäß der Zielsetzung dieser Arbeit wird im Rahmen der Historie der Fokus auf der Darstellung der Editionspflichten, also den Pflichten zur Vorlage von Dokumenten, liegen. Zur Einbettung in einen prozessualen Gesamtkontext wird dem Abschnitt über diese jedoch ein knapper Abriss über die wesentlichen Merkmale des Gemeinen deutschen Zivilprozesses vorausgeschickt werden. Wegen der Vielzahl der partikularrechtlichen Prozessordnungen, die in Deutschland bis zum Erlass der ZPO in Kraft waren[22], beschränkt sich diese Arbeit auf die Darstellung des Gemeinen deutschen Zivilprozesses.

---

18 Im Folgenden als ZPO bezeichnet.

19 Im Folgenden als FRCP bezeichnet.

20 Hay, Rn. 111; Böhm, Rn. 205.

21 Böhm, Rn. 188.

22 Mittermaier, S. 24, 59; Hellweg, AcP 61, 78 (81); Linde, S. 16.

§ 2 Zivilprozess in Deutschland bis zum Erlass der ZPO

Bis zum Erlass der ZPO[23] im Jahre 1877 und deren Inkrafttreten am 01.10.1879 herrschte in Deutschland Rechtszersplitterung[24]. In den einzelnen Territorien galten teilweise stark voneinander und vom Gemeinen deutschen Prozess divergierende partikularrechtliche Prozessordnungen[25]. Der Zweck der Einführung der ZPO war die Verwirklichung einer Rechtseinheit[26]. Der Gemeine deutsche Prozess hatte eine solche nicht herzustellen vermocht. Er galt jedoch in allen deutschen Bundesstaaten, in denen keine besonderen Prozessrechte existierten[27].

§ 3 Gemeiner deutscher Zivilprozess

I. Entstehung

Die Ursprünge des Gemeinen deutschen Zivilprozesses wurzeln hauptsächlich im römischen und kanonischen Recht sowie in den Reichsgesetzen. Daneben nahmen das Gewohnheitsrecht und germanische Rechtsbräuche Einfluss. Durch Verschmelzung verschiedener Elemente der genannten Rechtsordnungen entwickelte sich der Gemeine deutsche Prozess als neue Prozessform. In Deutschland setzte er sich im 15. und 16. Jahrhundert durch[28]. Diese Arbeit konzentriert sich im Wesentlichen auf den Rechtszustand des 19. Jahrhunderts.

Für die Herausbildung des Gemeinen deutschen Prozesses und damit eines überregional gültigen Prozessrechts war die Praxis des Reichskammergerichts von wesentlicher Bedeutung[29]. Das Reichskammergericht war durch die Reichsreform aus dem Jahre 1495 ins Leben gerufen worden[30]. Dem Gericht kam nicht nur eine erstinstanzliche Funktion zu. Vielmehr diente es auch als Appellations- und damit als Kontrollinstanz für Entscheidungen der territorialen Gerichte[31]. Es spielte so einerseits eine wichtige Rolle in der Rezeption des römischen Rechts

---

23 Damals noch Civilprocessordnung.

24 MüKo/ ZPO/ Lüke, Band 1, 2. Auflage, Band 1, Einleitung Rn. 40; Zöller/ Vollkommer, Einleitung Rn. 1; Dahlmanns, S. 15.

25 Mittermaier, S. 24, 59; Hellweg, AcP 61, 78 (81); Linde, S. 16.

26 Zöller/ Vollkommer, Einleitung Rn. 1; Hellweg, AcP 61, 78 (81); Dahlmanns, S. 15.

27 Linde, S. 16, 19; Wetzell, S. 6; Mittermaier, S. 24; Danz, § 9 S. 15.

28 Gmür, Roth, Rn. 226; Wetzell, S. 3; MüKo/ ZPO/ Lüke, 2. Auflage, Band 1, Einleitung Rn. 34.

29 Erler, Band 4, S. 658 f.

30 Erler, Band 4, S. 655; Eisenhardt, Rn. 94, 497.

31 Erler, Band 4, S. 659; Eisenhardt, Rn. 492.

in Deutschland[32]. Andererseits nahm das Reichskammergericht durch die Herausbildung des Gemeinen Zivilprozesses, der sich parallel zum Gemeinen Recht entwickelte, maßgeblich Einfluss auf die Entstehung der territorialen Prozessordnungen[33].

II. Verfahrensgrundsätze

Im Gemeinen deutschen Prozess galten die Verhandlungs- und die Eventualmaxime[34]. Letztere legte den Parteien die Pflicht auf, alle Angriffs- und Verteidigungsmittel von Anfang an in den Prozess einzuführen, unabhängig davon, ob sie tatsächlich relevant werden würden oder nicht. Sie durften also nicht erst nach vorheriger Auswahl sukzessive vorgetragen werden. Der Zweck der Eventualmaxime bestand darin, eine durch taktische Überlegungen potentiell zu befürchtende Prozessverzögerung von Anfang an zu unterbinden[35]. Für den Fall der Zuwiderhandlung drohte Präklusion[36]. Das Verfahren im Gemeinen deutschen Prozess war grundsätzlich schriftlich[37]. Das Prinzip der Schriftlichkeit fand jedoch manche Durchbrechungen. So kam es zum Beispiel zu lebhaften mündlichen Kontroversen über konkrete Rechtsfragen in einer Verhandlung[38]. Auch bei einem Antrag auf Fristverlängerung genügte mündlicher Vortrag[39]. Das Verfahren war öffentlich, wobei das Verständnis von Öffentlichkeit anders geprägt war als heute. Öffentlichkeit bedeutete, dass die Parteien – zumindest weitgehend – die Befugnis hatten, während der Verhandlung anwesend zu sein, nicht das Volk allgemein[40].

III. Rolle der Richter

Im Gemeinen Prozess kam den Richtern die Aufgabe der Urteilsfindung, des Urteilsausspruchs, der Beweisaufnahme und der Vollstreckung der Gerichtsbeschlüsse zu[41]. Sie waren dabei an den Tatsachenstoff, der ihnen von den Parteien

32 Eisenhardt, Rn. 505; Erler, Band 4, S. 658, 660.
33 Erler, Band 5, S. 1744.
34 Schmid, § 83 S. 271; Zöller/ Vollkommer, Einleitung Rn. 1; Schubert, S. 577; Heffter, S. 16; Erler, Band 5, S. 1744.
35 Albrecht, S. 74; Heffter, S. 256; Schmid, § 84 S. 276 f.; Dahlmanns, S. 21 f.
36 von Bayer, S. 37; Linde, S. 179; Schmid, § 84 S. 277.
37 Diestelkamp, S. 105; Erler, Band 5, S. 1744; Hellweg, AcP 61, 78 (81); Linde, S. 179 ff.; von Bayer, S. 40; Schmid, § 85 S. 282; Dahlmanns, S. 17 f.
38 Diestelkamp, S. 110.
39 Diestelkamp, S. 111, für weitere Beispiele vgl. Diestelkamp S. 105 ff.
40 von Bayer, S. 42; Linde, S. 181.
41 Heffter, S. 238 f.

präsentiert wurde, gebunden, nicht jedoch an deren Rechtsansichten[42]. Dem Richter oblag von Amts wegen die Pflicht, eine zweckgemäße Prozessführung zu bestimmen[43].

IV. Urkundenedition

Der Begriff der Urkundenedition findet in der heute gebräuchlichen Gerichtssprache kaum noch Verwendung, war jedoch zu Zeiten des Gemeinen Prozesses üblich. Er bezeichnet die Pflichten zur Vorlage von Urkunden. Die Wichtigkeit der Editionspflichten gründet heute wie damals auf der großen Bedeutung der Urkunde als zivilprozessuales Beweismittel[44]. Abgesehen von Schreibfehlern und ähnlichem waren sie in der Regel frei von menschlichen Irrtümern[45]. Ihr Inhalt galt damit als besonders verlässlich. Aufgrund des starken Einflusses des römischen Rechts auf den Gemeinen deutschen Zivilprozess[46] finden sich dort sowie im kanonischen Recht zahlreiche Wurzeln für die Editionspflichten[47]. Demgegenüber waren die partikularrechtlichen Prozessordnungen sehr unterschiedlich ausgestaltet bezüglich der Editionspflichten. Am weitesten reichten die Vorlagepflichten der hannoverschen Prozessordnung von 1850[48].

1. Kategorisierung der Editionsgründe

Die bestehenden Editionsgründe mussten in doppelter Hinsicht voneinander abgegrenzt werden. Einerseits war danach zu unterscheiden, ob die Grundlage zur Geltendmachung einer Editionsverpflichtung prozessualer oder materiellrechtlicher Natur war. Andererseits war zu fragen, gegen wen sich die Edition richten sollte. In Betracht kamen sowohl die gegnerische Partei als auch Dritte[49]. Mangels einer allgemeinen Vorlagepflicht bedurfte es mit wenigen Ausnahmen einer speziellen Anspruchsgrundlage, um die Vorlage von Urkunden in einem Zivilprozess von der gegnerischen Partei oder von Dritten zu bewirken[50].

---

42 von Bayer, S. 33 ff., 264 f.; Linde, S. 177 f.; Wetzell, S. 523 f., 527; Dahlmanns, S. 17 f.

43 Linde, S. 177.

44 Kaser/ Hackl, S. 491 f.; Bethmann-Hollweg, S. 157; Wetzell, S. 220; Schlink/ 2. Band, S. 276; Musielak/ Voit/ Huber, § 415 Rn. 7.

45 Heffter, S. 298.

46 Mittermaier, Martin, S. 7.

47 Kaser/ Hackl, S. 492, 604.

48 Adloff, S. 19.

49 von Bayer, S. 955; Mittermaier, Martin, S. 8 ff.

50 von Blattner, § 1 S. 5, § 9 S. 29; Wetzell, S. 249 f.; von Bayer, S. 956; von Almendingen, Grolmans Magazin, 281 (347 ff.); Heffter, S. 307.

2. *Materielle Editionspflichten*

Innerhalb der materiellen Vorlegungsgründe war zwischen dinglichen und schuldrechtlichen Ansprüchen zu differenzieren.

a) Dingliche Editionspflichten

Eine dingliche Editionspflicht bestand, wenn derjenige, der die Vorlage geltend machte, Eigentum oder Miteigentum an der vorzuzeigenden Urkunde hatte[51]. Diese Pflicht erstreckte sich gleichermaßen auf die Parteien des Rechtsstreits wie auf Dritte.

b) Schuldrechtliche Editionspflichten

Sowohl vertragliche Beziehungen als auch einseitige Handlungen konnten schuldrechtliche Vorlageverpflichtungen auslösen[52].

Unter die vertraglichen Editionspflichten wurden vornehmlich Verwahrungs- und Zessionsfälle subsumiert. Darüber hinaus gehörten in diese Kategorie zum Beispiel das Aushändigen der Handakte eines Rechtsanwaltes an seinen Mandanten nach Abschluss des Mandats oder die Rückgabe von Schuldscheinen eines Gläubiger an seinen Schuldner nach dessen Zahlung[53].

c) Actio ad exhibendum

Mithilfe der actio ad exhibendum konnte eine Edition im Gemeinen Prozess auch unabhängig vom Bestehen einer vertraglichen Verbindung bei Nachweis des Bestehens eines speziellen Editionsinteresses realisiert werden[54]. Es handelte sich um eine dem Römischen Recht entspringende Klageart[55], deren genauer Ursprung nicht mit Sicherheit bestimmt werden kann[56]. Zweck der actio ad exhibendum im Römischen Recht war es, eine dingliche Klage vorzubereiten, mit der die Herausgabe einer Sache angestrebt wurde[57]. Der Gegenstand sollte dann zu Beweiszwecken dem Gericht vorgeführt werden[58]. Das spezielle Editionsinteresse

---

51 Glück, XXII, S. 109 ff.; Linde, S. 338 f.; von Bayer, S. 957; Schmid, § 146 S. 280; von Blattner, § 4 S. 15; Heffter, S. 308.

52 Schmid,§ 146 S. 280; Glück, XXII, S. 110; Mittermaier, Martin, S. 11.

53 Mittermaier, Martin, S. 11, 13.

54 Kaser/ Hackl, S. 69, 254; Linde, S. 339; von Bayer, S. 957.

55 D. 10, 4.

56 Bühler, S. 8 ff.; Buckland, 13 Tulane L. Rev. 163 (173).

57 Kaser/ Hackl, S. 275.

58 Kaser/ Hackl, S. 275.

wurde stets bejaht, sofern das Vorlagebegehren einen rechtlichen Zusammenhang mit der geltend gemachten Forderung aufwies. Teilweise reichte ein faktisches Interesse[59]. Ein Interesse an der Einsicht wurde zum Beispiel insbesondere bei dem nachfolgend erörterten interdictum de tabulis exhibendis bejaht. Ein weiteres Beispiel für das Bestehen eines Editionsinteresses wurde in den Fällen angenommen, in denen ein beweisbelasteter Schuldner Einsicht in die Geschäftsbücher eines Gläubigers nehmen musste, in denen geschäftliche Vereinbarungen niedergeschrieben worden waren[60]. Im Gemeinen Prozess lag die Bedeutung der actio ad exhibendum darin, dass sie allgemein dazu eingesetzt werden konnte, die Vorlegung von Sachen zu erwirken, sofern ein rechtliches Interesse an der Vorlegung bestand. Die Vorbereitung einer dinglichen Klage war im Gemeinen Prozess anders als im antiken Recht nicht zwingend mit der actio ad exhibendum verbunden[61].

aa) Argentarii

Ein besonderes Editionsinteresse bestand gegenüber den Angehörigen bestimmter Berufsgruppen. Davon waren primär die argentarii betroffen. Bei ihnen handelte es sich um römische Bankiers. Ihre Editionspflicht folgte aus dem prätorischen Edikt[62]. Die Editionspflicht der argentarii konnte mithilfe der actio ad exhibendum durchgesetzt werden[63]. Die argentarii waren Personen, die Geldgeschäfte verschiedener Art unter staatlicher Aufsicht für andere besorgten. Ihr Geschäftsbereich umfasste unter anderem das Verleihen von Geld, die Aufnahme fremder Gelder und das Vermitteln fremder Geschäfte. Über sämtliche ihrer geschäftlichen Handlungen führten sie Geschäftsbücher und legten Rechnungen ab. Bedingt durch die Beweiskraft ihrer akribischen Aufzeichnungen und des wegen der staatlichen Aufsicht daraus resultierenden Vertrauens, konnten sie zur Edition ihrer Geschäftsbücher angehalten werden[64]. Die argentarii waren aber nicht nur grundsätzlich zur Edition verpflichtet, sondern sie mussten darüber hinaus auch das Datum der zu edierenden Urkunden offenlegen[65]. Ein Editionsverlangen gegenüber den argentarii durfte aber nicht ausschließlich die

---

59 Mittermaier, Martin, S. 17 f., 21.

60 Adloff, S. 9.

61 Kaser/ Hackl, S. 69, 254; Linde, S. 339; von Bayer, S. 957.

62 D. 2, 4; Mittermaier, Martin, S. 40 f.; Glück, XXII, S. 110.

63 Bühler, S. 20 f.

64 Bürge, S. 33; Wetzell S. 224; von Almendingen, Grolmans Magazin, 281 (348); von Blattner, § 6 S. 21 f.

65 Bürge, S. 33.

Beweislage begünstigende Zwecke verfolgen. Es konnte demnach nur derjenige mit seinem Editionsinteresse durchdringen, der einen geschäftlichen Kontakt nachweisen konnte[66].

Verweigerte ein argentarii die Edition, ermöglichte das prätorische Edikt[67] es dem Editionsberechtigten, den Prozess mit den vollständigen Beweismitteln nachzuholen[68].

bb) Editionspflicht der Handels- und Kaufleute?

Seit dem Mittelalter stellte sich mehr und mehr die streitige Frage, ob das für die argentarii geltende prätorische Edikt auf Berufsgruppen mit einem ähnlichen Tätigkeitsfeld auszuweiten war[69]. Insbesondere die Handels- und Kaufleute schienen prädestiniert für eine Analogie. Die gerichtliche Praxis und der überwiegende Teil der Rechtsgelehrten stellten die Kaufleute hinsichtlich der Editionspflichten mit den argentarii gleich[70]. Die Gleichbehandlung erfolgte einerseits vor dem Hintergrund, dass die Geschäftsbücher sowohl Beweis über den geschuldeten Betrag als auch über den Schuldgrund erbringen konnten. Es wurde angenommen, dass die Beweiskraft der Aufzeichnung das Editionsinteresse begründete. Andererseits sprach sich die Rechtsprechung aus Praktikabilitätsgesichtspunkten des Beweisrechts für eine Editionspflicht der Kaufleute aus[71].

Die Gegenansicht in der Rechtswissenschaft des 19. Jahrhunderts lehnte eine analoge Anwendung ab. Das Hauptargument gegen eine Analogie sah sie in der Lehre vom Vorbehalt des Gesetzes[72]. Für die Vorlagepflicht von Kaufleuten existiere gerade kein Gesetz. Kaufmännische Vorlagepflichten könnten daher nur über die allgemeinen Grundsätze der actio ad exhibendum geltend gemacht werden[73].

d) Interdictum de tabulis exhibendis

Das interdictum de tabulis exhibendis war eine eigene Klageart. Mit dem Interdikt konnte ein Testament heraus verlangt werden[74]. Es bildete einen Spezialfall

66 von Almendingen, Grolmans Magazin, 281 (349); Bürge, S. 33.
67 D. 2, 13, 6, 4.
68 Bürge, S. 37 f.
69 Mittermaier, Martin, S. 40 f.
70 von Blattner, § 7 S. 25.
71 Wetzell, S. 225 ff.; von Bayer, S. 961.
72 Mittermaier, Martin, S. 41.
73 Mittermaier, Martin, S. 41 f.; von Almendingen, Grolmans Magazin, 281 (350).
74 Kaser, Band 1, S. 693, Band 2, S. 484.

für das Bestehen eines Editionsinteresses für jemanden, der glaubte, einen Anspruch aus einem Testament zu haben. Dies folgt aus den folgenden römischrechtlichen Vorschriften[75]. Zum Beispiel heißt es in D. 43,5, dass Dokumente, die Lucius Titius angeblich besessen hat und die sich auf sein Testament beziehen, vorgelegt werden müssen. Gleiches gelte nach der Vorschrift für den Fall, dass jemand durch betrügerische Handlungen Besitz an den Dokumenten erlangt habe. In D. 43,5,2 wird ausgeführt, dass demjenigen, der zugibt, die Dokumente zu besitzen, Zeit gegeben werden muss, diese vorzulegen, sofern dies nicht sofort möglich ist. Aus D. 43,5,3 geht hervor, dass sich die aus dem Interdikt resultierende Vorlagepflicht nicht nur auf das Testament an sich, sondern auch auf mögliche Testamentsnachträge bezieht. Zusammenfassend lässt sich festhalten, dass es Ziel des Interdikts war, das Testament dem Prätor vorzulegen. Es stand allen im Testament Bedachten und den Erben offen und war gerichtet gegen den Inhaber der Urkunde oder gegen denjenigen, der das Innehaben der Urkunde arglistig aufgegeben hatte[76]. Neben dem römischen Recht fand sich eine solche Bestimmung auch im kanonischen Recht[77].

In Bezug auf die Vorlage von Testamenten bildete die aus dem interdictum de tabulis exhibendis folgende Editionspflicht einen Spezialfall der allgemeinen actio ad exhibendum[78].

e) Editionspflicht wegen des Verdachts einer Straftat

Die Offenlegung von Urkunden konnte verlangt werden, wenn gegenüber einem Gericht glaubhaft gemacht wurde, dass eine zu einem früheren Zeitpunkt schon einmal vorgelegte Urkunde unecht war. In diesem Zusammenhang spielten straf- und zivilprozessuale Elemente ineinander, wobei hier nur der zivilverfahrensrechtliche Aspekt nähere Erwähnung finden soll. Wurde die Urkunde dem Besitzer schon zurückgegeben, konnte die erneute Vorlage unter der folgenden Bedingung geltend gemacht werden: Der die Vorlage Begehrende musste eidlich versichern, dass er der festen Überzeugung sei, die Fälschung beweisen zu können. Das spezielle Editionsinteresse bestand darin, dass die Echtheit bzw. die Fälschung einer Urkunde kaum ohne ihre tatsächliche Inaugenscheinnahme beurteilt werden konnte[79].

---

75 D. 43, 5; C. 8, 7.

76 Kaser, Band 1, S. 693, Band 2, S. 484.

77 X 2, 22, 12; von Bayer, S. 958.

78 Bühler, S. 50.

79 C. 4, 21, 21; C. 4, 21, 3; Wetzell, S. 245 f.

3. Prozessuale Editionspflichten

Im Rahmen einer Negativabgrenzung können als prozessuale Editionspflichten solche bezeichnet werden, die nicht den materiellen Editionspflichten zugeordnet werden konnten, sondern die rein auf der prozessualen Stellung der Parteien gründeten.

a) Prozessuale Editionspflichten der Parteien

Es war streitig, ob eine allgemeine Verpflichtung zur Urkundenedition im Gemeinen deutschen Prozess bestand. Gemeint war damit eine solche, für die keine spezielle Anspruchsgrundlage existierte[80].

Die Mehrheit der Rechtsgelehrten[81] und insbesondere die gerichtliche Praxis[82] sprachen sich für eine Editionsverpflichtung zu Lasten des Klägers aus. Diese ging so weit, dass der Kläger alle in seinem Besitz befindlichen Urkunden, die gleichzeitig für die Verteidigung des Beklagten erforderlich waren, vorzulegen verpflichtet war[83]. Sie begründeten diese Ansicht mit seiner Stellung als Partei eines Rechtsstreits. Der Zweck bestehe darin, dem Beklagten seine Verteidigung zu erleichtern oder gar erst zu ermöglichen[84]. Er sei nämlich als „Angegriffener" schutzbedürftiger als der Kläger. Jenem, als aktiven und den Rechtsstreit initiierenden Teil, obliege es, die zur erfolgreichen Durchsetzung seines erstrebten Ziels notwenigen Beweise sich selbst zu besorgen[85]. Als Gegenstück zur prozessualen Editionspflicht des Klägers wurde eine solche für den Beklagten teilweise verneint[86], teilweise in Ausnahmefällen befürwortet[87].

b) Allgemeine Editionspflichten Dritter?

Ebenso wenig wie zumindest in der Theorie Übereinstimmung bezüglich der Editionspflichten der Parteien bestand, ließ sich Konsens in Bezug auf die Vorlagepflichten Dritter finden. Eine allgemeine Editionspflicht Dritter ist als Gegenstück

---

80 von Bayer, S. 963.
81 Schmid, § 146 S. 281 f.; Martin, § 316 S. 576.
82 Heffter, S. 307 Fn. 227.
83 Martin, § 316 S. 576; Glück, XXII, S. 118 ff.
84 Schmid, § 146 S. 281; Martin, § 316 S. 576; Glück, XXII, S. 118 ff.; von Blattner, § 11 S. 32 ff.
85 Glück, XXII, S. 121.
86 Martin, § 316 S. 576; Glück, XXII, S. 120 ff.
87 Schmid, S. 281 f.; von Blattner, § 11 S. 32 ff.

zu den bereits diskutierten speziellen Vorlageverpflichtungen zu verstehen[88]. Nach der Vorschrift C. 4, 21, 22 konnte im römischen Recht ein Dritter zur Edition einer Urkunde ebenso angehalten werden wie zur Ablegung eines Zeugnisses[89]. Die zuvor erwähnte römisch-rechtliche Vorschrift ist nicht mit einer Glosse versehen. In Deutschland wurden nur solche Texte als rezipiert angesehen, die glossiert waren[90]. Mangels einer Glossierung der Vorschrift fanden sich im Gemeinen deutschen Recht keine eindeutigen Hinweise auf eine Inkorporation dieser Norm[91]. Daraus resultierte die Diskussion um eine allgemeine Editionspflicht im Gemeinen deutschen Prozess.

Teilweise wurde ungeachtet der Ungewissheit hinsichtlich der Übernahme in das Gemeine Recht vertreten, dass dieses eine allgemeine Vorlagepflicht für Dritte beinhaltet habe[92]. Die Parteien konnten also im gerichtlichen Wege die Herausgabe der Urkunden von Dritten verlangen, wenn sie außergerichtlich damit gescheitert waren[93].

In Abkehr davon bestritt die Gegenansicht das Bestehen einer allgemeinen Editionspflicht Dritter[94]. Insofern sie im Gemeinen deutschen Recht dennoch praktiziert worden sei, gründete dies allein auf richterlicher Rechtsfortbildung[95]. Gegen eine Vorlageverpflichtung wurde argumentiert, derjenige, der etwas schriftlich fixiert habe, dürfe nicht schlechter gestellt werden als der, der dies nicht getan habe[96].

c) Spezielle Editionspflichten Dritter

Die Ausführungen zur actio ad exhibendum haben an dieser Stelle volle Gültigkeit. Bezogen auf die argentarii bildete die actio ad exhibendum einen schuldrechtlichen Vorlagegrund gegen Dritte bei Bestehen eines besonderen Editionsinteresses[97].

---

88 von Bayer, S. 956 f.
89 von Bayer, S. 955 f.
90 Meder, S. 199.
91 von Bayer, S. 956; Glück, XXII, S. 114.
92 Danz, § 316 S. 454; Schmid, § 146 S. 283 Fn. 20.
93 von Bayer, S. 957.
94 von Almendingen, Grolmans Magazin, 281 (347); Glück, XXII, S. 114 ff.
95 Mittermaier, Martin, S. 44.
96 Mittermaier, Martin, S. 44; von Almendingen, Grolmans Magazin, 281 (348); von Blattner, § 1 S. 7.
97 von Bayer, S. 957.

Eine Editionspflicht bestand auch im Hinblick auf die so genannten gemeinschaftlichen Urkunden[98]. Was genau unter den Begriff der gemeinschaftlichen Urkunde fallen sollte, war unter den Juristen des 19. Jahrhunderts umstritten. Im Ergebnis wird sich jedoch zeigen, dass die unterschiedlichen Ansätze zu dem gleichen Schluss gelangten. Dieser bestand darin, dass die Ansprüche, die über das Institut der gemeinschaftlichen Urkunden gelten gemacht werden sollten, bereits von anderen Anspruchsgrundlagen gedeckt waren. Einerseits wurden unter den Begriff der gemeinschaftlichen Urkunden solche subsumiert, die im Miteigentum des Besitzers, von dem sie heraus verlangt wurden und des die Vorlage Verlangenden standen[99]. Die durch diesen Ansatz begründete Vorlageverpflichtung war aber bereits von der dinglichen Anspruchsgrundlage des Eigentums gedeckt. Ein eigenständiges rechtliches Instrumentarium war damit überflüssig.

Nach einer anderen Ansicht handelte es sich bei den gemeinschaftlichen Urkunden um solche, die über das dem Rechtsstreit zugrunde liegende Rechtsverhältnis hergestellt wurden und an deren Vorlage der die Vorlage Begehrende ein besonderes Editionsinteresse hatte[100]. Im Ergebnis würde die Editionspflicht deshalb unter den Vorlagegrund der actio ad exhibendum fallen, weil sie auf das besondere Editionsinteresse abstellte. Nach dieser Ansicht erwies sich das Institut der gemeinschaftlichen Urkunden als Spezialfall der actio ad exhibendum und das Editionsinteresse war stets gegeben.

4. Verfahren der Urkundenedition und Kostenlast

Das Editionsverlangen musste durch ein Editionsgesuch bei Gericht eingeleitet werden[101]. Dieses musste eine Beschreibung der zur Vorlage angeforderten Urkunde enthalten[102]. Zwar reichte es nicht, nur eine vage und unbestimmte Beschreibung anklingen zu lassen, die Anforderungen an die Beschreibungspflicht durften jedoch nicht überspannt werden[103]. Weiter war der Nachweis zu führen, dass die Urkunde sich im Besitz desjenigen befand, gegen den sich die Vorlage richtete[104]. Für dieses Erfordernis existierte weder eine gesetzliche Grundlage noch ließ es sich aus allgemeinen prozessualen Vorschriften herleiten. Deswegen

---

98 C. 2, 1, 7; X 2, 22, 12; Mittermaier, Martin, S. 26; von Bayer, S. 958 f.; von Blattner, § 14 S. 40 f.; Linde, S. 339; Glück, XXII, S. 110.

99 Mittermaier, Martin, S. 26; von Bayer, S. 958 f.

100 Linde, S. 339; Glück, XXII, S. 110; von Blattner, § 18 S. 47 f.

101 Schmid, § 147 S. 284.

102 Linde, S. 341; von Bayer, S. 966; Martin, § 317 S. 577; Schmid, § 147 S. 284.

103 von Bayer, S. 966; Bopp, Zeitschrift für Civilrecht und Proceß, 140 (143 f.).

104 Linde, S. 341; von Bayer, S. 966; Martin, § 317, S. 577; Glück, XXII, S. 124.

wurde im Ergebnis der Vortrag desjenigen, der die Vorlage verlangte, die andere Partei habe die Urkunde in Besitz, als ausreichend gewertet[105]. Drittens war der Rechtsgrund für das Editionsverlangen zu benennen. Schließlich musste, sofern ein spezieller Rechtsgrund nicht bestand, also im Rahmen der actio ad exhibendum, das besondere Editionsinteresse hinreichend dargelegt werden[106].

Wurde das Editionsgesuch gegen Dritte eingereicht, so war es ein selbständiger Antrag und initiierte ein eigenes Verfahren. Richtete sich das Editionsgesuch gegen die andere Partei, war der Antrag der Prozessschrift anzufügen[107].

Der die Vorlage Begehrende hatte stets die sich aus der Edition ergebenden Kosten zu tragen[108]. Dies galt auch, soweit sich die Edition gegen unbeteiligte Dritte richtete[109].

5. Herstellung und Reproduktion von Urkunden

Neben den materiellen und prozessualen Editionspflichten existierten weitere Hilfsmittel, von denen in einem Prozess im Zusammenhang mit Urkunden Gebrauch gemacht werden konnte.

a) Probatio in perpetuam rei memoriam

Grundsätzlich war zu unterscheiden zwischen der Herstellung einer neuen und der Vorlage einer bereits existenten Urkunde. Es sind jedoch Konstellationen denkbar, in denen beide zuvor genannten Aspekte ineinander übergreifen können. Deswegen soll auch das Rechtsinstitut der probatio in perpetuam rei memoriam vorgestellt werden. Dieser „Beweis zum ewigen Gedächtnis" ist eine Einrichtung des kanonischen Rechts und ein Vorläufer des heutigen Beweissicherungsverfahrens[110]. Im römisch-Gemeinen Recht war damit die Herstellung einer Urkunde generell möglich. Im Gemeinen deutschen Prozessrecht war eine Herstellung unter der einschränkenden Voraussetzung des Eintritts einer Gefahr erlaubt. Von einer solchen musste ausgegangen werden, wenn beispielsweise das baldige Versterben eines Zeugen zu Beginn oder während eines angestrebten Prozesses befürchtet werden musste. Das Gefahrenkriterium bildete das spezielle Interesse, das die Herstellung der Urkunde auszulösen vermochte. Kam es in

---

105 von Bayer, S. 967.

106 Linde, S. 341; von Bayer, S. 966.

107 Martin, § 317 S. 577; Linde, S. 341; von Bayer, S. 967.

108 Linde, S. 341; Thibaut, 3. Band, § 1270.

109 Linde, S. 341.

110 Ulrich, S. 1.

Folge dessen zu einer Vernehmung eines möglichen Zeugen, wurde darüber ein Protokoll angefertigt. Das Gericht bewahrte dieses ohne öffentliche Bekanntgabe des Inhalts bis zum Eintritt der Bedingung, also der Nichtverfügbarkeit des Zeugen, auf. Ab dann bestand für den Kläger und den Beklagten die Möglichkeit der Einsichtnahme. In einem eventuellen späteren Prozess durfte jede Partei die Vorlage des Dokuments zu Beweiszwecken beantragen[111].

b) Reproduktion von Dokumenten

Um ein der probatio in perpetuam rei memoriam ähnliches Rechtsinstrument handelte es sich bei der Reproduktion alter, vom Verfall bedrohter Dokumente. Das Reichskammergericht machte von diesem Instrumentarium Gebrauch in den Fällen des drohenden Unkenntlichwerdens eines Schriftstückes. Der Richter konnte das Dokument auf Antrag der Parteien prüfen. Bei seiner Überzeugung von Echtheit und Richtigkeit ordnete er die Reproduktion an[112].

6. Rechtshängigkeit als Voraussetzung für eine Edition

Aus den Ausführungen zum Editionsverfahren lässt sich entnehmen, dass eine Edition nur im Rahmen eines bereits anhängigen Rechtsstreits erfolgen konnte, sofern die Vorlagepflicht die Gegenseite belastete. Richtete sich das Verlangen gegen Dritte, musste ein eigener Prozess eingeleitet werden.

7. Vorbringen gegen ein Editionsverlangen

Gegen ein Editionsverlangen konnte von demjenigen, gegen den das Vorlageverlangen gerichtet war, der Besitz der Urkunde und auch das Editionsinteresse geleugnet werden. Der Dritte konnte vortragen, die Herausgabe würde sich für ihn nachteilig auswirken. Wurden derartige Behauptungen erhoben, musste ein Editionseid geleistet werden[113]. Dessen genauer Inhalt war zwar streitig. Einigkeit bestand jedoch dahingehend, dass hinsichtlich der Beweislast die Regeln des Gemeinen deutschen Rechts gelten sollten[114]. Der Beweis bestimmter Tatsachen, zum Beispiel für das berechtigte Interesse an einer Edition, konnte gegebenenfalls durch den Eid einer Partei erbracht werden. Wer den Eid leisten musste, ergab sich aus den allgemeinen Beweisregeln. Die Beweislast traf denjenigen, der sich auf die tatsächlichen Voraussetzungen einer ihm günstigen Norm berief.

---

111 C. 9, 90, 9; Hoeren, ZZP 108, 343 (348); Wetzell, S. 230 f.

112 Wetzell, S. 248, insbesondere Fn. 98 b.

113 Linde, S. 342; von Bayer, S. 967; Martin, § 317 S. 577.

114 von Bayer, S. 968.

Neben dem Editionseid gab es noch die Möglichkeit, dass Tatsachen, die sich aus Urkunden ergaben, deren Vorlage unberechtigt verweigert wurde, als zugestanden angesehen wurden, wenn die Einrede zu Unrecht erhoben worden war (poena editi et recogniti und poena confessi)[115].

§ 4 Zusammenfassung und Bewertung

Zusammenfassend kann festgehalten werden, dass es im Gemeinen deutschen Prozess eine Vielzahl von Editionspflichten gab, die sich nach dem heutigen juristischen Sprachgespräch einerseits in materielle und prozessuale Vorlagepflichten unterteilen lassen und andererseits in solche, die sich gegen die Partei oder aber gegen Dritte richteten. Diese Editionspflichten boten den Parteien, insbesondere dem vom Gemeinen deutschen Prozess als besonders schutzbedürftig eingeschätzten Beklagten, nicht unerhebliche Hilfestellungen im Falle einer avisierten Beweisführung. Die Vielzahl der Editionspflichten bestätigt die eingangs vorgegebene These[116], dass Urkunden als Beweismittel ein besonders großer Stellenwert zukam.

Im Gemeinen deutschen Prozess entschied der Richter über die Ablehnung oder das Stattgeben eines Editionsgesuchs. Zwischen den gegnerischen Parteien erfolgte dies durch einen Anhang an die Klageschrift, zwischen der Partei und Dritten durch ein gesondert zu initiierendes Verfahren[117].

§ 5 Einführung in die historische Entwicklung des US-amerikanischen Zivilprozesses

So wie in Deutschland bis zum Erlass der Zivilprozessordnung starke Rechtszersplitterung vorherrschte, lässt sich auch im historischen US-amerikanischen (Prozess-)Recht ein Zersplitterungseffekt erkennen. Dieser hatte zwei Hauptursachen. Die erste beruhte auf der föderalen Staatsstruktur der Vereinigten Staaten. Bedingt durch diese wichen die Prozessordnungen innerhalb der Bundesstaaten zum Teil deutlich voneinander ab[118]. Darüber hinaus gründete die Aufspaltung

---

115 von Bayer, S. 969; Linde, S. 342; Glück, XXII, S. 126 f.; vgl. zur Beweislast Musielak/ Voit/ Foerste, § 286 Rn. 34; Baumbach, Anhang zu § 286 Rn. 10.

116 Bethmann-Hollweg, S. 157; Wetzell, S. 220; Schlink/ 2. Band, S. 276; Musielak/ Voit/ Huber, § 415 Rn. 7.

117 Martin, § 317 S. 577; Linde, S. 341; von Bayer, S. 967.

118 Dobie, S. 584; Kersting, S. 131; Ohne Verfasser, 74 Harv. L. Rev. 940 (950); Reinhard, S. 31.

auf einer Koexistenz alternativer Verfahrens- und Rechtsprechungsmöglichkeiten. Neben der im Kontext dieser Untersuchung nicht relevanten Seegerichtsbarkeit (admiralty) existierten in den USA bis zum Jahr 1938 das Zivilverfahren des common law und dasjenige der so genannten equity-Prozessordnung[119]. Zwar kam es nicht selten zu Kompetenzstreitigkeiten unter beiden zuletzt genannten Gerichtsbarkeiten. Dennoch muss beachtet werden, dass zwischen equity und common law kein Konflikt im eigentlichen Sinne herrschte. Beide Verfahren hatten größtenteils ihren eigenen Geltungsbereich und ergänzten sich[120]. Für beide Verfahren waren in vielen Bundesstaaten dieselben Gerichte zuständig[121]. Es waren jedoch, je nachdem welche Prozessordnung einschlägig war, verschiedene Verfahrensgrundsätze anzuwenden. Diese Parallelexistenz führte oft zu komplizierten Rechtssituationen, beispielsweise zu einem Überschneiden beider Verfahren, zu Mehrfachprozessen und zu Unsicherheit auf Anwalts- und Parteiseite, welches Verfahren für das jeweilige Begehren einschlägig sei[122]. Mit dem Erlass der Federal Rules of Civil Procedure im Jahre 1938 kam es zu einer Verschmelzung beider Prozessarten und damit zur Begründung einer einzigen zivilprozessualen Verfahrensordnung[123]. Sie beinhaltete Regelungen, die zum Teil aus dem equity-Verfahren, zum größeren Teil aber aus dem common law übernommen worden waren[124]. Zur Gewährleistung eines umfassenden Verständnisses der nach den FRCP heute bestehenden Editionspflichten und den Möglichkeiten zur Sachverhaltsermittlung im weiteren Sinne ist die Erörterung ihrer historischen Entwicklung förderlich[125]. Diesem Zweck dient die folgende Darstellung über die Grundzüge des common law und die Entstehung der equity-Prozessordnung. Die Arbeit beschränkt sich auf die für die Untersuchung maßgebenden Elemente und unterstellt die weiteren als bekannt.

I. Zivilverfahren nach dem common law

Der common law-Prozess gelangte durch die britische Kolonialherrschaft ab dem 17. Jahrhundert in die USA. Das in England geltende Recht wurde zum

---

119 Subrin, 135 Penn. L. Rev. 909 (914, 926); Dobie, S. 660.

120 Maitland, S. 17 ff.; Schwarz, S. 151.

121 Böhm, Rn. 536 ff.; Sward, 51 K. L. Rev. 347 (376).

122 Holdsworth, S. 246 ff.; Schwarz, S. 146 ff.; Subrin, 135 Penn. L. Rev. 909 (933); James/ Hazard/ Leubsdorf, S. 20 f.

123 Sward, 51 K. L. Rev. 347 (389); James/ Hazard/ Leubsdorf, S. 23 ff.

124 Böhm, Rn. 536 ff.; Zimmermann, ZEuP 1, 4 (29).

125 Subrin, 135 Penn. L. Rev. 909 (914); Schwarz, S. 107; Reinhard, S. 30.

großen Teil von den Kolonien übernommen, unterlag aber auch Modifikationen. Deswegen kann eine Darstellung des US-amerikanischen Zivilprozesses das historische englische (Zivilverfahrens-)Recht nicht unberücksichtigt lassen[126]. Abweichungen zwischen der Entwicklung der Zivilprozesse in England und derjenigen in den USA werden als solche gekennzeichnet werden.

1. Begriff des common law

Der Begriff des common law ist mehrdeutig. In einer übergeordneten Funktion markiert er ganz allgemein die Unterschiede der englischen/ US-amerikanischen zur kontinentaleuropäischen Rechtstradition. Bezogen auf speziellere Abweichungen der genannten Rechtstraditionen kennzeichnet er in Abgrenzung zum civil law die unterschiedliche Art in der Führung eines Prozesses. Darüber hinaus beschreibt der Begriff die teils geschriebenen (lex scripta), teils ungeschriebenen (lex non scripta) Rechtsquellen, die für US-amerikanische Gerichte bindend waren und sind. Zum ungeschriebenen Recht zählen unter anderem die durch die Rechtsprechung geschaffenen Präzedenzfälle, zur ersten Variante das vom Parlament geschaffene Gesetzesrecht[127]. Im historischen US-amerikanischen Zivilprozess kennzeichnete der Terminus common law darüber hinaus eine verfahrensrechtliche Abgrenzung zur Gerichtsbarkeit der admiralty (Seerecht) und zur equity-Prozessordnung.

2. Richter und Jury

Im common law-Prozess vollzog sich die Entscheidungsfindung mittels einer Jury und eines Richters. Die Jury war das aus Laienrichtern bestehende Organ zur Feststellung der (streitigen) Tatsachen. Der Richter fungierte als eine Art Mediator zwischen ihr und den Parteien. Er war bezogen auf die Fakten an die Feststellungen der Jury gebunden und instruierte diese darauf aufbauend über rechtliche Hintergründe[128]. Der Richter selbst entschied nur über die Rechtsfragen[129]. Bis zum 19. Jahrhundert korrigierte der Richter teilweise auch Entscheidungen der Jury, was zu deren progressiver Entmachtung führte[130]. Bei einem

126 Sward, 51 K. L. Rev. 347 (347 f., 369 f.).

127 Blackstone, vol. 1 Rn. 62–64; Hale, S. 3 ff., 16 ff.

128 Sward, 51 K. L. Rev. 347 (372 f.); Maitland, S. 6 f.; Holdsworth, S. 135 f.; Spence, S. 228, 386; Peter, S. 32 ff.; Blackstone, vol. 4 Rn. 336, 372, 375.

129 Böhm, Rn. 538.

130 Langbein, 96 Columbia L. Rev. 1168 (1196); Spence, S. 228; Sward, 51 K. L. Rev. 347 (371); Subrin, 135 Penn. L. Rev. 909 (929).

judgment non obstante veredicto, auch judgment notwithstanding the verdict genannt, kann der Richter noch heute Entscheidungen der Jury ändern[131]. Bei einem judgment non obstante veredicto handelt es sich um eine Entscheidung durch einen Richter in einem Zivilprozess zugunsten derjenigen Partei, die nach der Entscheidung der Jury hätte verlieren sollen. Zu einem solchen Urteil kommt es zumeist dann, wenn entweder die Tatsachen oder aber die korrekte Rechtsanwendung das Urteil der Jury nicht tragen[132]. Aus dem Vorhandensein der Jury an sich, der alle Beweise in der Hauptverhandlung (trial) präsentiert werden mussten, resultierte die Mündlichkeit des Verfahrens[133]. Der trial fand statt im open court, also unter Beteiligung der Öffentlichkeit[134].

3. *Writs, trial*

Die den common law-Prozess prägenden Merkmale waren die Klageformeln, die writs, und die Hauptverhandlung, der trial. In dem trial wurden die Parteien gehört und präsentierten ihre Beweismittel[135]. Bis zur Abschaffung der writs im 19. Jahrhundert[136] in England wurde das Verfahren vor den common law- Gerichten mittels eines original writ eingeleitet[137]. Darin wurde dem Beklagten der gegen ihn gerichtete Vorwurf sowie die vom Kläger begehrte Rechtsfolge dargelegt und somit der Streitgegenstand bestimmt[138]. Die writs waren formale Schriftsätze[139]. Sie verkörperten anzahlmäßig feststehende Klageformeln (forms of actions), die der Filterung von Tatsachen und Rechtsansichten dienten und die eine zivilprozessuale Klage nur in typischen Sachverhaltskonstellationen zuließen. Die Prozessvertreter der Parteien hatten die Aufgabe, eine dem writ entsprechende formalisierte Sachverhaltsschilderung abzugeben[140]. Die Regelungen über den Inhalt des writ waren geprägt von Starrheit und extremem Formalismus. Bedingt dadurch trat

---

131 Schack, Rn. 165; Böhm, Rn. 649 f.

132 Schack, Rn. 165; Böhm, Rn. 648 ff.

133 Kessler, 90 Cornell L. Rev. 1181 (1204); Spence, S. 231; Subrin, 135 Penn. L. Rev. 909 (916); Sward, 51 K. L. Rev. 347 (375).

134 Millar, S. 22; Blackstone, vol. 4 Rn. 372.

135 Sward, 51 K. L. Rev. 347 (372 f., 375).

136 Peter, S. 49; Maitland, Forms of Action, S. 5; Baker, S. 67 f.

137 Maitland, Forms of Action, S. 4; Peter, S. 35, 20; Blackstone, vol. 4 Rn. 272.

138 Maitland, S. 5; Peter, S. 35, 20; Schaaff, S. 26; Kersting, S. 131.

139 Junker, S. 99 f.; Kersting, S. 131; Reinhard, S. 30; Sward, 51 K. L. Rev. 347 (350); Schaaf, S. 26 ff.; James/ Hazard/ Leubsdorf, S. 181.

140 Millar, S. 19 f.; Spence, S. 227; Peter, S. 20; Subrin, 135 Penn. L. Rev, 909 (915); James/ Hazard/ Leubsdorf, S. 182.

oft das unerwünschte Ergebnis ein, dass ein Rechtsstreit allein deshalb verloren wurde, weil es an der Auswahl der korrekten Klageformel mangelte[141].

Zwar waren die writs in den Anfängen der Kolonialisierung der USA weniger formstarr als in England. Im Laufe der Zeit wurde die englische Formorientierung aber immer ernster genommen und damit auch übernommen[142].

4. *Aufgaben des Lord Chancellors*

Für die Ausstellung und Zulassung der writs vor Gericht bedurften sie der Siegelung. Dafür war der Lord Chancellor verantwortlich[143], bei dem es sich um den Sekretär des Königs handelte. Bis zum Zeitalter der Reformation war der Lord Chancellor meistens ein Bischof oder ein anderer Geistlicher. In den darauffolgenden Jahrhunderten war der Lord Chancellor zumeist ein Jurist.[144] Thomas Morus war der erste Jurist in diesem Amt. Dem Lord Chancellor oblag die Siegelung aufgrund seiner Verfügungsgewalt über das königliche Siegel (great seal)[145]. In vielen Fällen konnte der Lord Chancellor vor ihn gebrachte Klagen unter einen der bereits bekannten writs subsumieren. Ließ sich der Vortrag nicht einer solchen zuordnen, konnte der Chancellor in sehr engen Grenzen auch über die Einführung einer Neuen entscheiden[146]. Ab dem Jahr 1258 bedurfte es dazu zwingend der Zustimmung des Parlaments[147]. In den USA war die Aufgabe, die in England dem Lord Chancellor zukam, nicht in allen Kolonien auf die gleiche Person übertragen. Teilweise wurden seine Kompetenzen vom königlichen Provinzgouverneur, von einem General Court oder von einer ebenfalls als Chancellor bezeichneten Person wahrgenommen[148].

---

141 Junker, S. 99 f.; Kersting, S. 131; Reinhard, S. 30; Sward, 51 K. L. Rev. 347 (350); Kane, S. 86.

142 Subrin, 135 Penn. L. Rev. 909 (927).

143 Millar, S. 18 f.; Spence, S. 227; Peter, S. 18 f., 27; Blackstone, vol. 4 Rn. 273; Buckland, 13 Tulane L. Rev. 163 (164).

144 Baker, S. 99.

145 Baker, S. 99; Radcliffe, S. 113 f.; Maitland, S. 2; Holdsworth, S. 194 f.; Zimmermann, ZEuP 1, 4 (28); Kessler, 90 Cornell L. Rev. 1181 (1199); Spence, S. 117, 238; Strahan, S. 5; Schwarz, S. 107.

146 Maitland, S. 3; Peter, S. 44.

147 Baker, S. 56.

148 Sward, 51 K. L. Rev. 347 (367).

5. *Aufklärung des Sachverhalts und Editionspflichten der Parteien*

Das common law hielt wenige Möglichkeiten zur Aufklärung des Sachverhalts vor dem trial bereit[149]. Dies gründete einerseits auf dem Mangel einer allgemeinen Editionspflicht[150]. Andererseits wurden die pleadings als das Mittel gewertet, das der Ermittlung der für den trial relevanten Tatsachen dienen sollte. Bei den pleadings handelte es sich um den Vortrag des Klägers und des Beklagten vor Gericht. Der Kläger verdeutlichte mit den pleadings seinen Vortrag aus dem writ[151]. Die Regel sah vor, dass erst im trial selbst Zeugen und andere Beweismittel präsentiert wurden[152]. Doch keine Regel ohne Ausnahme: Um unbillige Ergebnisse zu verhindern, die im common law insbesondere dadurch hervorgerufen wurden, dass die Parteien selbst nicht vor Gericht aussagen durften, wurde teilweise auf Aufklärungsmöglichkeiten aus dem equity-Verfahren zurück gegriffen. Die dort zulässigen interrogatories und depositions sowie die Editionspflichten, also die discovery of documents, dienten dann als eine Art Hilfsverfahren und waren in der Konsequenz, wie in equity, bereits vor dem trial zulässig[153]. Der Rückgriff auf Mechanismen des equity-Verfahrens war unter der Voraussetzung möglich, dass die benötigten Beweismittel nicht auf eine andere Art und Weise beschafft werden konnten[154]. Nur in wenigen Einzelstaaten gab es unabhängig von dieser Rückgriffsmöglichkeit auf das equity-Verfahren die Option, Sachverhaltsaufklärung vor dem trial originär nach dem common law zu betreiben[155]. Von der discovery of documents abzugrenzen war dabei die inspection of documents. Letztere war in den meisten Bundesstaaten gesetzlich verankert und in weiterem Umfang zulässig als erstere[156]. Durch Reformbestrebungen im 19. Jahrhundert bestand ein Anspruch auf inspection und auf discovery of documents, wenn die Einsichtnahme in die Dokumente zum Entwurf der pleadings oder zur Vorbereitung des trials notwendig war. Die Möglichkeit der Kenntnisnahme wurde durch Vorlesen der entsprechenden Dokumente oder Aushändigen einer Kopie

---

149 Sward, 51 K. L. Rev. 347 (375, 394); Langdell, 11 Harv. L. Rev. 137 (138); Carpenter v. Winn, 211 U.S. 533 (1911).

150 Ohne Verfasser, 74 Harv. L. Rev. 940 (949 f.); Millar, S. 219; James, 38 Yale L. J. 746 (746).

151 Baker, S. 76.

152 James/ Hazard/ Leubsdorf, S. 283 f.

153 James/ Hazard/ Leubsdorf, S. 283 f.

154 James/ Hazard/ Leubsdorf, S. 284 f.

155 Millar, S. 222.

156 Millar, S. 222.

gewährt[157]. Darüber hinaus konnte im Laufe des 18. Jahrhunderts in den USA die Edition solcher Dokumente verlangt werden, die im (Mit-)Eigentum beider Parteien standen[158].

Der Unterschied zwischen der inspection und der discovery of documents bestand darin, dass bei der inspection die beantragende Partei das betroffene Dokument nach einer gerichtlichen Anordnung in Augenschein nehmen und sich eine Kopie davon machen konnte. In Abgrenzung dazu ist der Begriff der discovery weiter zu verstehen. Er umfasste zunächst sämtliche discovery-Mechanismen wie zum Beispiel interrogatories und depositions. Mittels dieser konnte der Antragssteller die Existenz bestimmter Dokumente zum Beispiel erst in Erfahrung bringen und später diese in Augenschein nehmen. Das heißt, bei der inspection war die Kenntnis von der Existenz der Dokumente vorausgesetzt. Aus historischer Sicht, also vor dem Erlass der FRCP, war eine inspection nur möglich, wenn das Dokument als Beweis in den Prozess eingeführt werden konnte. Das war bei der discovery anders. Sie konnte auch dazu genutzt werden, Informationen von der Gegenseite zu verlangen, die sich in der Verhandlung als nicht beweisfähig erweisen könnten.

6. *Editionspflichten Dritter*

Per Gerichtsbeschluss war es möglich, Dritte zur Edition von Urkunden zu verpflichten. Dies war möglich mithilfe des writ subpoena duces tecum. Danach musste ein Zeuge bei Meidung einer Strafe bestimmte Dokumente bei sich führen oder vorlegen. Der writ subpoeana duces tecum kam jedoch selten zum Einsatz. Dies lag daran, dass die für den writ erforderliche pretrial discovery deposition nur selten gewährt wurde. Darüber hinaus wurde die Vorlagepflicht dadurch erschwert, dass die begehrten Dokumente sehr präzise beschrieben und der tatsächliche Besitz des Dritten belegt werden mussten. Dieser Nachweis gelang oft nicht[159].

II. Entwicklung der equity-Prozessordnung

Das Parallelverfahren zum Zivilprozess nach dem common law war die equity-Prozessordnung. Die Erklärung der Entwicklung dieses Verfahrens lässt sich anschaulich mit einer Übersetzung des Begriffes equity einleiten. Diese allein lässt

157 Millar, S. 219 ff.
158 Millar, S. 219.
159 Ohne Verfasser, 74 Harv. L. Rev. 940 (950).

erahnen, welche Bewandtnis es mit equity auf sich hatte. Der englische Terminus leitet sich von dem lateinischen Wort aequitas ab und bedeutet Billigkeit[160].

1. *England als Ursprungsland, Rezeption in den US-amerikanischen Kolonien*

Das Ursprungsland des equity-Verfahrens war England. Bedingt durch die englische Kolonialherrschaft in den USA etablierte es sich mit Beginn des 17. Jahrhunderts auch dort. Trotz nur langsam voranschreitender Rezeption in den USA verfügte im Jahr 1776 jede der dreizehn Kolonien über ein equity-Gericht[161]. Dieses war jedoch nicht zwingend von den common law-Gerichten getrennt. Deswegen wendeten in den meisten Fällen die gleichen Gerichte entweder die equity-Prozessordnung oder das common law alternativ an[162].

2. *Bedürfnis für die Entwicklung von equity*

Das equity-Verfahren entwickelte sich in England seit dem 13. Jahrhundert[163] aus der königlichen Befugnis, solchen Bittstellern Rechtsschutz zu gewähren, denen vor den Gerichten des common law keine adäquaten Rechtsschutzmöglichkeiten zur Verfügung standen[164] oder gegen die ein Urteil ergangen war, dessen Vollstreckung nicht gerecht erschien[165]. Darüber hinaus kam equity in den Fällen zum Tragen, in denen die Bittsteller unter (altersbedingter) Gebrechlichkeit litten, ärmlichen Verhältnissen entstammten und sich ohnmächtig mit einem scheinbar übermächtigen, reichen und einflussreichen Gegner konfrontiert sahen und es aufgrund dessen zu befürchten stand, dass ihnen ein faires Verfahren nach dem common law nicht gewährleistet werden konnte[166]. Das heißt, die equity-Prozessordnung griff nur subsidiär und ergänzend zum common law ein[167].

---

160 Schwarz, S. 105.

161 Kessler, 90 Cornell L. Rev. 1181 (1202); Subrin, 135 Penn. L. Rev. 909 (928); Reinhard, S. 30.

162 Sward, 51 K. L. Rev. 347 (376).

163 Baker, S. 98.

164 Baker, S. 98; Millar, S. 24; Radcliffe, S. 116 f.; Holdsworth, S. 198, 200 f., 238; Schwarz, S. 107, 114; Kessler, 90 Cornell L. Rev. 1181 (1199); Spence, S. 107, 207, 322 ff.; Strahan, S. 3; Peter, S. 28; Blackstone, vol. 4 Rn. 431, 434; Sward, 51 K. L. Rev. 347 (349); Browne, S. 21; Zimmermann, ZEuP 1, 4 (28).

165 Peter, S. 28.

166 Browne, S. 21; Subrin, 135 Penn. L. Rev. 909 (918); Maitland, S. 3, 6; Gray, S. 35; Holdsworth, S. 202.

167 Dobie, S. 659 f.; Millar, S. 25; Strahan, S. 8; Subrin, 135 Penn. L. Rev. 909 (920).

Unter diesem Gesichtspunkt waren die im Rahmen der equity-Prozessordnung ergangenen Urteile in England als Billigkeits-, Wohltätigkeits-, Gnaden- sowie als Gewissensentscheidungen zu qualifizieren[168]. Erst im 15. Jahrhundert begann das equity-Verfahren sich als eigenständige, zweite Schicht der Rechtsordnung zu etablieren. Das Ende dieses Entwicklungsprozesses wurde im 17. Jahrhundert erreicht[169].

3. *Adressaten der Gesuche*

Mit dem Ende des 13. Jahrhunderts/ Anfang des 14. Jahrhunderts machten in England die Gesuche an den König bereits eine sehr hohe Anzahl aus. Einen Höhepunkt erreichten die Eingaben jedoch Ende des 15. Jahrhunderts und im Laufe des 16. Jahrhunderts. Die Chancery wurde zu diesen Zeiten geradezu mit Gesuchen überflutet und war nicht in der Lage, sich allen Anliegen zu widmen[170]. Da es dem König ab dem Ende des 13. Jahrhunderts kaum noch möglich war, sich mit dem massiven Arbeitsanfall gebührend auseinanderzusetzen, delegierte er Petitionen zur Bearbeitung auf den Lord Chancellor[171]. Mit dem Fortschreiten des 14. Jahrhunderts wandten sich die Bittsteller deshalb direkt an diesen[172]. Aus dem Umgang mit den Gesuchen, die vor dem Lord Chancellor abgehalten wurden, entwickelte sich das equity-Verfahren[173]. Der Lord Chancellor konnte einen neuen writ in sehr engen Grenzen anerkennen. In diesem Fall wurde die Klage an ein common law Gericht abgegeben[174]. Der Lord Chancellor konnte aber auch selbst die Betroffenen anhören und vernehmen. Die Chancery, die bis dahin nur einen administrativen Teil des Staatsapparates dargestellt hatte, verwandelte sich dann in ein eigenes Gericht, den Court of Chancery[175], dem der Lord Chancellor vorsaß[176]. Obwohl der Lord Chancellor für die Ausstellung

168 Schwarz, S. 108; Maitland, S. 4; Gray, S. 35, 41; Holdsworth, S. 197, 206 f.; Strahan, S. 5, 7; Radcliffe, S. 118 f.; Zimmermann, ZEuP 1, 4 (28).

169 Sward, 51 K. L. Rev. 347 (357 f.); Schwarz, S. 146.

170 Baker, S. 98, 104 f;. Spence, S. 335, 337, 346; Strahan, S. 4; Blackstone, vol. 4 Rn. 444; Schwarz, S. 108.

171 Spence, S. 335, 337, 346; Strahan, S. 4; Blackstone, vol. 4 Rn. 444; Schwarz, S. 108; Baker, S. 98.

172 Schwarz, S. 108; Radcliffe, S. 117; Maitland, S. 3, 4.

173 Baker, S. 98 f.

174 Maitland, S. 105; Schwarz, S. 109.

175 Kessler, 90 Cornell L. Rev. 1181 (1199); Holdsworth, S. 203, 212; Radcliffe, S. 117 f.; Spence, S. 345; Maitland, S. 3.

176 Holdsworth, S. 199, 217.

der writs zuständig war, war er nicht im common law ausgebildet. Er war vielmehr geschult im römisch-kanonischen Recht. Das beruhte darauf, dass er bis zur Reformation in der Regel ein Bischof war. Er kannte das römisch-kanonische Verfahren aufgrund seiner Ausbildung sowie aus der Praxis der Kirchengerichte seiner Diözese[177].

4. *Verfahrensgrundsätze und Rolle des Richters*

Das equity-Verfahren war schriftlich und nicht öffentlich. Die Vernehmung der Parteien fand außerhalb des Gerichtsraums und vor der Hauptverhandlung mittels von ihnen gefertigter interrogatories statt[178]. Eine Jury gab es nicht[179]. Der Lord Chancellor entschied sowohl über Rechtsfragen als auch über die tatsächlichen Streitpunkte[180]. Im equity-Verfahren leitete der Lord Chancellor das Verfahren und verfügte über Ermessensspielräume[181]. Da die im common law vorherrschende Rechtsregel der *stare decisis*, also die Bindung an Präzedenzfälle, nicht existierte, konnte er freier entscheiden als die streng formgebundene Richterschaft des common law[182].

5. *Einleitung des Verfahrens*

Das Verfahren vor dem Court of Chancery konnte durch die Eingabe des Klägers in schriftlicher Form, die bill of complaints, oder auch mündlich eingeleitet werden. Eines original writ bedurfte es nicht[183]. In der bill mussten in knapper Form und ohne Bindung an starre Formalia die den Rechtsschutz vor dem Court of Chancery begründenden Tatsachen dargelegt werden[184]. Der Beklagte wurde nach Prüfung der bill verpflichtet, unter Eid auf die in ihr enthaltenen Fragen

---

177 Millar, S. 25; Kessler, 90 Cornell L. Rev., 1181 (1200); Blackstone, vol. 4 Rn. 442; Browne, S. 22.

178 Kessler, 90 Cornell L. Rev. 1181 (1206); Subrin, 135 Penn. L. Rev. 909 (919); Sward, 51 K. L. Rev. 347 (359); James/ Hazard/ Leubsdorf, S. 284.

179 Zimmermann, ZEuP 1, 4 (28); Kessler, 90 Cornell L. Rev. 1181 (1204); Spence, S. 337; Sward, 51 K. L. Rev. 347 (358).

180 Maitland, S. 6; Holdsworth, S. 201; Subrin, 135 Penn. L. Rev. 909 (920).

181 Kessler, 90 Cornell L. Rev. 1181 (1204); Gray, S. 35; Strahan, S. 7, 414; Subrin, 135 Penn. L. Rev. 909 (920); Schwarz, S. 109.

182 Maitland, S. 8.

183 Baker, S. 101, 103; Sward, 51 K. L. Rev. 347 (359); Spence, S. 367 f.; Blackstone, vol. 4 Rn. 442; Schwarz, S. 109; Dobie, S. 668; Browne, S. 22.

184 Maitland, S. 5; Spence, S. 368; Dobie, S. 668.

der interrogatories Satz für Satz zu antworten vor dem Lord Chancellor[185]. Diese Art der Befragung ist Teil des kanonisch-gemeinrechtlichen Erbes des equity-Verfahrens[186]. Bei Einwänden des Beklagten gegen den tatsächlichen und rechtlichen Vortrag des Klägers gab es für ihn die Möglichkeit der Erwiderung. Der Fall galt damit als streitig (at issue) und die Zeugen konnten vernommen werden[187].

6. *Zwangsmittel der subpoena*

Um zu gewährleisten, dass sich der Beklagte der Beantwortung der Fragen in der bill nicht entzog, konnte ihm der writ der subpoena auferlegt werden. Dabei handelte es sich um die Androhung einer Geldstrafe für den Fall des Nichterscheinens trotz Aufforderung[188].

7. *Einreden des Beklagten und Widerklage*

Trotz der grundsätzlichen Verpflichtung des Beklagten, sämtliche in der bill gestellten Fragen zu beantworten, war er nicht schutzlos dem Prozess ausgeliefert. Gegen seine Mitwirkungspflicht konnte er bestimmte rechtliche und/ oder tatsächliche Einreden (plea) vorbringen[189]. Wenn der Beklagte erfolgreich eine Einrede geltend machen konnte, musste er nicht auf die Fragen der bill bzw. der interrogatories antworten. Sofern die Einreden nicht für ihn eingriffen, bestand eine umfassende Antwortpflicht des Beklagten[190]. Umgekehrt konnte der Beklagte dem Kläger nicht die Beantwortung von Fragen mittels interrogatories abverlangen. Die einzige Möglichkeit, mithilfe derer der Beklagte Offenlegung von Informationen durch den Kläger erwirken konnte, war das Anstrengen einer Widerklage (cross bill), mit der er interrogatories verbinden durfte[191].

8. *Vernehmung der Zeugen*

Die Zeugen wurden heimlich, also unter Ausschluss der Öffentlichkeit und der Parteien, durch depositions (mündliche Vernehmungen) von den examiners

---

185 Millar, S. 202; Spence, S. 338, 369, 372; Blackstone, vol. 4 Rn. 442 f.; Subrin, 135 Penn. L. Rev. 909 (919); Schwarz, S. 109; Maitland, S. 5; Radcliffe, S. 119 f.

186 Kessler, 90 Cornell L. Rev. 1181 (1193, 1199, 1200 ff.).

187 Kessler, 90 Cornell L. Rev. 1181 (1206 f.); Spence, S. 372.

188 Millar, S. 26; Spence, S. 345, 369; Schwarz, S. 109; Dobie, S. 690 f.; Browne, S. 23; Maitland, S. 5; Baker, S. 103.

189 Millar, S. 202; Spence, S. 372 f.; Blackstone, vol. 4 Rn. 443, 446.

190 Blackstone, vol. 4 Rn. 446.

191 Spence, S. 375 f.; Millar, S. 203.

verhört[192]. Das waren eigens für diese Funktion an den Gerichten tätige Personen. Sie suchten die Zeugen an deren Wohnorten auf[193]. Sofern die Parteien unter Eid aussagten, konnten auch sie – im Unterschied zum common law[194] – Zeugen sein[195]. An dieser Stelle zeigt sich eine Parallele zum Gemeinen deutschen Prozess insofern, als sowohl in diesem als auch im equity-Verfahren Parteieide verwendet wurden. Die Aussagen wurden von den examiners schriftlich fixiert und so lange geheim gehalten, bis alle Zeugen verhört worden waren. Die Niederschrift erfolgte nicht wörtlich, sondern in nacherzählender Weise[196]. Sobald alle Aussagen und sonstigen Beweismittel zusammengetragen worden waren, wurden diese dem Gericht präsentiert. Bei Entscheidungsreife sprach der Chancellor gleich sein Urteil, anderenfalls ordnete er weitere Maßnahmen zur Aufklärung des Sachverhaltes an[197].

9. *Editionspflichten im equity-Verfahren*

Der Kläger konnte vom Beklagten die Vorlage solcher Dokumente verlangen, die ihm zum Nachweis seines Anspruches dienten. Er musste dazu in seiner bill vortragen, dass sich die erforderlichen Unterlagen in dessen Besitz befanden. Dabei war es empfehlenswert, nicht aber zwingend, die Dokumente so präzise wie möglich zu beschreiben. Es konnte auch allgemein Bezug auf bestimmte Bücher, Papiere, Dokumente oder Schriftsätze genommen werden, sofern diese einen Zusammenhang mit dem in der bill niedergelegten Begehren aufwiesen[198]. Der Beklagte wurde dann unter Vereidigung aufgefordert, sich dahingehend zu äußern, ob er das Dokument tatsächlich besaß. Wurde sein Besitz festgestellt, war er zur Edition verpflichtet, wenn sich aus der Klage und aus der Erwiderung ergab, dass das Dokument von Relevanz für die Entscheidung des Rechtsstreits war[199]. Bedingt durch einige Modifikationen im equity-Verfahren konnte der Beklagte

---

192 Sward, 51 K. L. Rev. 347 (376); Millar, S. 25 f.; Blackstone, vol. 4 Rn. 438, 449, 378.

193 Kessler, 90 Cornell L. Rev. 1181 (1201); Browne, S. 24.

194 Dieses im common law geltende Verbot, das dem Ableisten von Meineiden vorbeugen sollte, wurde im 19. Jahrhundert abgeschafft. Vgl. dazu Subrin, 135 Penn. L. Rev. 909 (919); Langbein, 96 Columbia L. Rev. 1168 (1184, dort insbes. Fn. 76); Spence S. 228.

195 Langbein, 96 Columbia L. Rev. 1168 (1185); Langdell, 11 Harv. L. Rev. 137 (138).

196 Kessler, 90 Cornell L. Rev. 1181 (1201, 1207); Blackstone, vol. 4 Rn. 449 f.

197 Kessler, 90 Cornell L. Rev. 1181 (1208).

198 James, 38 Yale L. J. 746 (747); Ohne Verfasser, 74 Harv. L. Rev. 940 (949 f).; Millar, S. 220; James/ Hazard/ Leubsdorf, S. 138.

199 Millar, S. 220; Spence, S. 378.

in den USA seit dem Jahr 1852 auch dann zur Edition verpflichtet werden, wenn er sich zu den Fragen der bill nicht geäußert hatte[200].

10. Probatio in perpetuam rei memoriam

Ebenso wie im Gemeinen deutschen Zivilprozess gab es die Option, die Herstellung bestimmter Dokumente durch einen gerichtlichen Beschluss mittels des Instruments der probatio in perpetuam rei memoriam zu bewirken. Der Gebrauch davon war in solchen Fällen gestattet, in denen der Verlust eines Zeugen durch Tod oder andere schwerwiegende Umstände drohte und damit eine möglicherweise anstehende Beweisführung erschwert bzw. unmöglich gemacht werden könnte[201].

11. Editionspflichten Dritter

Auch für Dritte gab es Pflichten, bestimmte Dokumente vorzulegen. Mittels des writ „subpoena duces tecum" wurde dem Dritten eine Strafe angedroht, wenn er vor Gericht erschien, ohne das Dokument vorzulegen[202].

III. Versuche einer Rechtsvereinheitlichung vor Erlass der FRCP

Die durch die Koexistenz verschiedener Zivilgerichtsbarkeiten hervorgerufene Rechtszersplitterung wurde mehr und mehr als unbefriedigend empfunden. Um dem entgegenzutreten, wurden in den USA Reformbemühungen unternommen.

1. Field Code von 1848

Der nach seinem maßgeblichen Mitbegründer David Dudley Field[203] benannte Field Code aus dem Jahr 1848 beinhaltete ein beachtliches prozessuales Reformstreben. Er wurde zunächst im Bundesstaat New York im Jahr 1848 in Kraft gesetzt, galt aber später für den Großteil der US-amerikanischen Bevölkerung auf Grundlage der bundesstaatlichen Prozessordnungen[204]. Seine Hauptziele bestanden in der Abschaffung der Trennung zwischen law und equity unter starker Favorisierung der common law-Grundsätze und in der Vereinfachung des

200 Millar, S. 220.
201 Ohne Verfasser, 74 Harv. L. Rev. 940 (949).
202 Ohne Verfasser, 74 Harv. L. Rev. 940 (950); Blackstone, vol. 4 Rn. 382.
203 James/ Hazard/ Leubsdorf, S. 186.
204 Sward, 51 K. L. Re. 347 (382 f.); Kessler, 90 Cornell L. Rev. 1181 (1235); Ohne Verfasser, 74 Harv. L. Rev. 940 (950); Kersting, S. 131; Subrin, 135 Penn. L. Rev. 909 (939).

pleading-Systems[205]. Die theoretische Aufgabe der Differenzierung zwischen law und equity ging jedoch mit großen praktischen Problemen einher. Im Bundesstaat New York hielt die Rechtsprechung in Entscheidungen aus den Jahren 1917 und 1923 nicht weiter an ihr fest[206]. Dies war dem Umstand geschuldet, dass viele Juristen der Ansicht waren, dass das common law und equity nicht gänzlich miteinander verschmolzen werden konnten[207]. Dennoch blieb die durch den Field Code erstrebte Verschmelzung von law und equity nicht ohne Einfluss auf die Möglichkeiten zur Aufklärung des Sachverhalts.

Im Rahmen der pretrial discovery nach dem Field Code konnten die Parteien die Gegenseite dazu anhalten, die Echtheit von Dokumenten zu bestätigen. Darüber hinaus konnte die Gegenseite ersucht werden, Kopien von solchen Dokumenten herauszugeben, die Aufschluss über die Klage bzw. über die gegen die Klage vorgebrachten Einreden gaben. Der Zweck dieser kodifizierten discovery-Möglichkeiten bestand darin, die Beweismittel für die Hauptverhandlung zu sichern[208].

2. *Vermischung von common law und equity*

In den Anfängen des 20. Jahrhunderts vollzog sich wiederum eine Wende im equity-Verfahren in den USA. Mehr und mehr wurden dem common law eigentümliche Elemente in den equity-Prozess integriert. So dominierte die mündliche, aber bei der pretrial discovery nicht öffentliche Vernehmung von Zeugen und Parteien zunehmend auch in equity und ersetzte spätestens mit dem Erlass der FRCP im Jahre 1938 die geheime Verhörmethode der examiners. Diese war zwar weiterhin rechtlich zulässig, wurde aber faktisch kaum mehr praktiziert. Zudem war es fortan auch im equity-Verfahren möglich, dass sich sowohl die Parteien gegenseitig verhörten als auch diese die Zeugen[209]. Durch eine grundlegende Neuregelung der Federal Rules of Equity 1912, die erstmalig 1822 in Kraft getreten waren[210], erweiterten sich die bis dato existierenden discovery Möglichkeiten der

205 Sward, 51 K. L. Rev. 347 (383 ff.); Reinhard, S. 30 f.; Subrin, 135 Penn. L. Rev. 909 (933, 938 f.); James/ Hazard/ Leubsdorf, S. 186.

206 Sward, 51 K. L. Rev. 347 (383 ff.); Jackson v. Strong, 118 N.E. 512 (N.Y. 1917); Poth v. Washington Square M.E. Church, 201 N.Y.S. 776 (N.Y.A.D. 1923); Reinhard, S. 30 f.; Subrin, 135 Penn. L. Rev. 909 (933).

207 Sward, 51 K. L. Rev. 347 (385).

208 Sward, 51 K. L. Rev. 347 (386); Millar, S. 216.

209 Kessler, 90 Cornell L. Rev. 1181 (1224 ff., 1252); Sward, 51 K. L. Rev. 347 (388).

210 Sward, 51 K. L. Rev. 347 (381, 388); Kessler, 90 Cornell L. Rev. 1181 (1233).

Parteien nicht[211]. Dennoch bewirkten die Federal Rules of Equity eine Modifikation dergestalt, dass discovery ab 1913 nach der auch in England praktizierten Methode betrieben wurde. Das heißt, die bill of complaints bestand nur noch aus der narrativen Erzählung des Klagebegehrens (prayer). Sie enthielt keine interrogatories mehr. Diese waren damit aber in den USA nicht abgeschafft. Sie mussten von nun an separat von der bill initiiert werden und dies war fortan sowohl dem Kläger als auch dem Beklagten gestattet. Allerdings mussten sich die interrogatories auf solche Fragen beschränken, die essentiell für die Klage oder die Verteidigung gegen diese waren[212].

Mit dem Erlass der FRCP im Jahr 1938 wurden aus dem equity-Verfahren übernommene Rechtsbehelfe und Mechanismen endgültig in das common law integriert[213].

IV. Ergebnis

Das common law enthielt deutlich weniger Möglichkeiten zur Aufklärung des Sachverhaltes vor dem trial als die equity-Prozessordnung[214]. Durch die gegenseitige Einflussnahme der Verfahren im Laufe der Zeit waren in das common law Elemente aus dem equity-Prozess integriert und so die Möglichkeiten zur Erkundung des Sachverhaltes erweitert worden[215]. Durch den Erlass der FRCP fand die Verschmelzung von common law und equity im Jahre 1938 ihren Endpunkt. Fortan war es kodifiziertes Recht, dass die Elemente aus dem equity-Verfahren im common law eingesetzt werden konnten[216]. Auffällig ist, dass die discovery-Aktivitäten nicht primär durch Vorlagepflichten von Dokumenten gewährleistet wurden. Vielmehr nahmen die depositions und interrogatories eine dominante Rolle bei der Aufklärung des Sachverhalts durch bzw. für die Parteien ein. Diese Erkenntnis findet auch darin Bestätigung, dass es wenig ausdifferenzierte Regeln zu den Editionspflichten gab. Eine Unterteilung erfolgte nur danach, ob die Edition gegen eine Partei oder gegen Dritte geltend gemacht wurde. Die Begriffe der materiellen und der prozessualen Editionspflichten waren sowohl dem common law als auch der equity-Prozessordnung fremd.

---

211 Ohne Verfasser, 74 Harv. L. Rev. 940 (950); Sward, K. L. Rev. 347 (388 f.).
212 Millar, S. 212.
213 Kessler, 90 Cornell L. Rev. 1181 (1253).
214 Langdell, 11 Harv. L. Rev. 137 (138); James/ Hazard/ Leubsdorf, S. 283 f.
215 Millar, S. 220 f.
216 Kessler, 90 Cornell L. Rev. 1181 (1253).

V. Common law-Prozess in Abgrenzung zum Gemeinen deutschen Prozess

1. Allgemeine Editionspflichten?

Besonders auffällig waren die geringen Möglichkeiten zur Aufklärung des Sachverhaltes vor dem trial[217]. Dies gründete nicht zuletzt auf der Inexistenz einer allgemeinen Editionspflicht, die es in dieser Form auch im Gemeinen deutschen Prozess nicht gab.

2. Dingliche Editionspflichten

Eine weitere Parallele zeigt sich in den dinglichen Editionspflichten bei (Mit-) Eigentum, die beiden Prozessordnungen immanent waren. In dieser Übereinstimmung manifestierte sich die starke Durchschlagskraft dinglicher Rechte in beiden Rechtsordnungen.

3. Actio ad exhibendum im common law?

Das Rechtsinstitut der actio ad exhibendum, welches im Gemeinen Prozess von großer Bedeutung war, fand zumindest kein wortgetreues Äquivalent im common law. Dennoch ist es wert zu überlegen, ob das genannte Instrument dort nicht ebenso praktiziert wurde; mag dies auch ohne ausdrückliche Benennung erfolgt sein. Die Parteien waren im Zuge von Reformen und dadurch, dass teilweise Methoden aus der equity-Prozessordnung zur Sachverhaltsaufklärung herangezogen wurden, auch im common law verpflichtet, der Gegenseite solche Dokumente offen zu legen, die diese zur ordnungsgemäßen Vorbereitung ihrer pleadings und des trial benötigte[218]. Dieses Erfordernis korrespondierte mit dem für die actio ad exhibendum geforderten speziellen Editionsinteresse. Darüber hinaus gab es im common law auch die dinglichen Editionspflichten. Wenn diese nicht ausreichten, um das Rechtsverfolgungsinteresse desjenigen, der die Vorlage verlangte, gebührend zu schützen, musste eine weitere Option bestehen. Wenngleich es keine Rezeption der actio ad exhibendum gab, entwickelte sich dennoch ein ihr in Voraussetzungen, Rechtsfolgen und Funktion vergleichbares Rechtsinstitut. Dieses gewährte dann zumindest in den Fällen, in denen ein spezielles Editionsinteresse bestand, eine zusätzliche Möglichkeit des Rechtsschutzes.

---

217 Sward, 51 K. L. Rev. 347 (386); James/ Hazard/ Leubsdorf, S. 283 f.

218 Millar, S. 219 ff.

VI. Equity-Verfahren in Abgrenzung zum Gemeinen deutschen Prozess

Der equity-Prozess zeichnete sich unter anderem dadurch aus, dass er viele Möglichkeiten zur Aufklärung des Sachverhaltes vor der mündlichen Verhandlung bereit hielt[219].

1. Aufklärungs- und Editionspflichten der Parteien

Vor Änderung der Rechtssituation in den USA im Jahre 1913[220] ermöglichten es die mit der bill of complaints einhergehenden interrogatories nur dem Kläger, sich umfassend über den Sachverhalt zu informieren. Dadurch wurde seine Stellung als Prozesspartei gestärkt. Der Beklagte hingegen war, sofern er nicht Einreden/ Einwendungen in Form des plea vorbringen konnte, in einer schwächeren prozessualen Situation. Für ihn war durch die interrogatories eine weit reichende Offenbarungs- oder Aufklärungspflicht begründet. Er selbst konnte nur mittels einer Widerklage interrogatories gegen den Kläger erwirken[221]. Hierin zeigte sich, sofern auf die Rechtssituation vor der Änderung im Jahre 1913 abgestellt wird, ein erheblicher Unterschied zum Gemeinen deutschen Zivilprozess. Zwar bezog sich die durch die interrogatories ausgelöste Offenbarungspflicht des Beklagten im Zivilprozess der USA nicht nur auf die Vorlage von Dokumenten. Im Ergebnis ist es jedoch für den Ausgang eines Rechtsstreits irrelevant, worauf die obsiegende Partei ihre Beweise stützt. Deshalb erscheint bezogen auf den hier vorgenommenen Vergleich zwischen dem equity-Verfahren und dem Gemeinen deutschen Zivilprozess das folgende Fazit erlaubt: Im Gemeinen deutschen Prozess war der Kläger mit einer umfassenden Editionspflicht belastet. Für den Beklagten bestand eine solche grundsätzlich nicht, was mit seiner stärkeren Schutzbedürftigkeit begründet wurde. Das heißt, das in Deutschland hoch gehaltene Prinzip der Schutzbedürftigkeit des Beklagten erfuhr in den USA eine Umkehrung. Dort war die prozessuale Stellung des Klägers gestärkt. Dadurch wurde zumindest vorübergehend indirekt dessen Rechtsverfolgungsinteresse höher eingestuft als das Verteidigungsinteresse des Beklagten. Auch nach den Änderungen des Jahres 1913 blieb dieses Ungleichgewicht zumindest dadurch teilweise vorhanden, dass dem Kläger durch die interrogatories die Möglichkeit gegeben wurde, den Sachverhalt

219 Langdell, 11 Harv. L. Rev. 137 (138).
220 Millar, S. 212 f.
221 Spence, S. 375 f.; Millar S. 203.

erst nach Klageerhebung detailliert zu ermitteln. Er konnte also Klage erheben, ohne seinen Anspruch von Anfang an substantiieren zu müssen.

2. *Spezifikationsanforderungen im Editionsverfahren*

Die Voraussetzungen für das Erwirken einer Edition ähnelten sich insbesondere im Hinblick auf die an die Spezifikation der Beschreibung der Urkunden gestellten Anforderungen stark. Der Kläger eines equity-Prozesses musste in seiner bill darlegen, dass sich die zu edierenden Dokumente im Besitz des Beklagten befanden und dass er diese zur Durchsetzung seines mit der bill geltend gemachten Anspruchs benötigte. Wenngleich es empfehlenswert war, die Dokumente und deren Inhalt zu präzisieren, reichte eine allgemeine Bezugnahme aus[222]. Auch in Deutschland war eine Angabe desjenigen, der die Vorlage verlangte, dahingehend erforderlich, welche Urkunden er ediert wünschte und diese so detailliert wie möglich zu bezeichnen, ohne allerdings zu hohe Anforderungen an die Spezifikation zu stellen[223].

VII. Übereinstimmungen von equity, common law und Gemeinem deutschen Prozess

1. *Probatio in perpetuam rei memoriam*

Sowohl im common law-Prozess als auch in equity und im Gemeinen deutschen Zivilprozess war das Rechtsinstitut der probatio in perpetuam rei memoriam bekannt. Die probatio in perpetuam rei memoriam ist eine Einrichtung des kanonischen Rechts[224]. Dieses hat sowohl das deutsche als auch das englische Recht beeinflusst[225]. Es war somit Ziel aller drei Prozessarten, Beweismittel zu sichern[226], um bestmöglich eine wahrheitsgetreue Aufklärung des Sachverhalts zu ermöglichen.

2. *Editionspflichten Dritter*

Sowohl im equity-Verfahren als auch im common law und im Gemeinen deutschen Prozess gab es Editionspflichten für Dritte. In Abgrenzung zum Verfahren

---

222 James, 38 Yale L. J. 746 (747); Ohne Verfasser, 74 Harv. L. Rev. 940 (949 f.); Millar, S. 220.

223 von Bayer, S. 966; Bopp, Zeitschrift für Civilrecht und Proceß, 140 (143 f.).

224 Ulrich, S. 1.

225 Zimmermann, ZEuP 1, 4 (6, 10, 12, 21 ff.).

226 Sward, 51 K. L. Rev. 347 (386); Millar, S. 216.

in Deutschland waren diese nach dem common law und der equity-Prozessordnung seltener, weil die dazu erforderlichen pretrial depositions nur in Ausnahmefällen gewährt wurden[227]. Sie wurden nur dann erlassen, wenn die zu edierende Urkunde ganz präzise beschrieben und wenn der tatsächliche Besitz des Dritten nachgewiesen werden konnte[228].

3. *Richteraktivität bezogen auf Aufklärungs- und Editionspflichten*

Der Richter und der Chancellor bzw. die anderen im equity-Verfahren beteiligten Richter waren im equity-Verfahren, im common law und im Gemeinen deutschen Prozess auf die eine oder andere Weise an der Edition beteiligt. Im Gemeinen deutschen Prozess war die Richteraktivität dadurch begründet, dass dieser über den Antrag auf Edition entscheiden musste. Im equity-Verfahren war das Gericht eingeschaltet, weil eine Edition erst nach dem Einreichen der bill of complaint möglich war, aufgrund derer dann die interrogatories eingeleitet wurden. Das gleiche galt für das common law, insofern es sich der discovery-Möglichkeiten der equity-Prozessordnung als Hilfsverfahren bediente.

227 Ohne Verfasser, 74 Harv. L. Rev. 940 (950).
228 Ohne Verfasser, 74 Harv. L. Rev. 940 (950).

Kapitel 3: Sachverhaltsaufklärung im deutschen und US-amerikanischen Zivilprozess

§ 1 Sachverhaltsaufklärung im deutschen Zivilprozessrecht

An die Darstellung der Editionspflichten aus rechtshistorischer Perspektive schließt sich eine Erörterung der aktuellen Rechtslage bezogen auf die Pflichten zur Vorlage von Dokumenten im deutschen und im US-amerikanischen Zivilprozess an. Der Fokus liegt dabei auf der Frage, wie im Zivilprozess eine bestmögliche Aufklärung des Sachverhalts erfolgen kann. Diese Frage stellt einen Kernpunkt nicht nur des deutschen Zivilprozessrechts dar. Denn die Entscheidung eines Rechtsstreits soll Rechtsfrieden und Rechtssicherheit schaffen. Die Beteiligten werden die Entscheidung am ehesten akzeptieren, wenn sie ihrem Gerechtigkeitsempfinden entspricht. Dieses wiederum erhöht sich, wenn die Entscheidung auf der materiellen Wahrheit beruht.

Welche Möglichkeiten existierten also, um die Fakten bestmöglich zu eruieren?

Die Antwort darauf ist abhängig von den rechtlichen Rahmenbedingungen eines Zivilprozesses. In Deutschland markieren die Prozessmaximen der ZPO die Eckpfeiler für die Tatsachenaufklärung in einem Rechtsstreit vor einem Zivilgericht. Darüber hinaus sind auch die Verteilung der Beweis- und der Darlegungslast von besonderer Bedeutung.

I. Allgemeine zivilprozessrechtliche Grundlagen

1. Erhebung der Klage gemäß § 253 ZPO

Der deutsche Zivilprozess wird durch die Erhebung der Klage eingeleitet. Die Klage wird gemäß § 253 I ZPO erhoben durch Zustellung eines Schriftsatzes (Klageschrift) an den Beklagten[229].

Gemäß § 253 II ZPO muss die Klageschrift besondere inhaltliche Mindestanforderungen erfüllen, wie zum Beispiel die Bezeichnung der Parteien und des Gerichts gemäß § 253 II Nr. 1 ZPO. Gemäß § 253 II Nr. 2 ZPO müssen der Gegenstand und der Grund des Anspruchs sowie ein bestimmter Antrag angegeben werden. Fehlen diese Angaben, ist die Klage unzulässig[230].

---

229 Zöller/ Greger, § 253 Rn. 4.

230 Zöller/ Greger, § 253 Rn. 10.

Gegenstand im Sinne des § 253 II Nr. 2 ZPO ist der Sachverhalt, der den Inhalt des geltend gemachten Anspruchs konkretisiert[231]. Der Anspruchsgrund muss ebenfalls konkretisiert werden[232]. Zum Beispiel reicht der Vortrag, es sei ein Kaufvertrag geschlossen worden, nicht aus. Es ist vielmehr erforderlich, die Leistung zu spezifizieren, indem zum Beispiel der Kaufpreis genannt wird[233]. Trotz dieser Substantiierungspflichten stellt § 253 II Nr. 2 ZPO nur geringe Anforderungen an die Konkretisierung. Es reicht im Ergebnis eine eindeutige Individualisierung des Klageanspruchs[234]. Darüber hinaus muss die Klageschrift einen hinreichend bestimmten Antrag enthalten. Dieser ist bindend für das Gericht (§ 308 ZPO).

2. Dispositionsmaxime

Die Dispositionsmaxime beinhaltet das Recht der Parteien, über den Prozess im Ganzen zu verfügen. Die Parteien beginnen (§§ 253, 688 ZPO) oder beenden (§§ 269, 516 ZPO) den Prozess durch ihre Anträge. Ausnahmen gelten nur hinsichtlich der Kostenentscheidung[235].

3. Verhandlungsgrundsatz/ Beibringungsgrundsatz

Der Verhandlungsgrundsatz, auch Beibringungsgrundsatz genannt, regelt, wie der Prozessstoff beschafft wird. Sein Gegenstück bildet die Amtsermittlung, die im Straf- und im Verwaltungsprozess gilt[236]. Nach dem Verhandlungsgrundsatz darf das Gericht seiner Entscheidung nur solches Tatsachenmaterial zugrunde legen, das die Parteien selbst in den Prozess eingeführt haben[237].

4. Ausnahmen vom Verhandlungsgrundsatz

Der Verhandlungsgrundsatz gilt in der ZPO nicht ausnahmslos. An einigen Stellen wird er zugunsten der Sachverhaltsaufklärung von Amts wegen durchbrochen.

---

231 Zöller/ Greger, § 253 Rn. 11.

232 RGZ 143, 57 (65).

233 Zöller/ Greger, § 253 Rn. 12 a.

234 BGH MDR 2004, 824 (824); Zöller/ Greger, § 253 Rn. 12 a.

235 Zöller/ Greger, vor § 128 Rn. 9; MüKo/ ZPO/ Rauscher, Einleitung Band 1, 4. Auflage Rn. 290 ff., 302.

236 Stadler, FS Beys, S. 1629; MüKo/ ZPO/ Rauscher, Einleitung Band 1, 4. Auflage Rn. 290.

237 Zöller/ Greger, vor § 128 Rn. 10; MüKo/ ZPO/ Rauscher, Einleitung Band 1, 4. Auflage, Rn. 290 f.

a) Einschränkung gemäß §§ 142, 144, 448 ZPO

Die Erhebung eines Beweises kann grundsätzlich nur auf Antrag einer Partei erfolgen[238]. Deswegen darf das Gericht eine Tatsachenaufklärung von Amts wegen nur betreiben, wenn dies ausdrücklich geregelt ist. Solche Regelungen finden sich beispielsweise in den §§ 142, 144, 448 ZPO[239]. In diesen Fällen tritt die Untersuchungsmaxime neben die Verhandlungsmaxime[240].

b) Einschränkung gemäß § 138 ZPO

Gemäß § 138 I ZPO haben die Parteien ihre Erklärungen über Tatsachen vollständig und wahrheitsgemäß abzugeben. § 138 I ZPO normiert also eine öffentlich-rechtliche Wahrheitspflicht für die Parteien gegenüber dem Gericht und dem Gegner. Die Ziele der Vorschrift sind es, eine geordnete Rechtspflege zu gewährleisten[241] sowie die Parteien zur subjektiven Wahrhaftigkeit[242] und zu einem vollständigen Vortrag[243] zu verpflichten.

c) Einschränkung gemäß § 139 ZPO

Nach § 139 I S. 1, 2 ZPO hat das Gericht das Sach- und Streitverständnis mit den Parteien in tatsächlicher und in rechtlicher Hinsicht zu erörtern und dahin zu wirken, dass sich die Parteien rechtzeitig und vollständig über alle erheblichen Tatsachen erklären. Mithilfe dieser Prozessförderungsvorschrift soll der Richter intensiv auf einen vollständigen und konzentrierten Vortrag hinwirken[244].

5. Darlegungslast

Das deutsche Zivilprozessrecht unterscheidet zwischen der Darlegungslast und der Beweislast. Erstere regelt, welche Partei eine Tatsache vortragen muss, damit diese zum Gegenstand der gerichtlichen Entscheidung gemacht werden kann[245]. Sie beantwortet die Frage danach, welche Behauptungen jede Partei aufstellen

238 BVerfG NJW 1994, 1210 (1211).
239 Zöller/ Greger, vor § 284 Rn. 2.
240 MüKo/ ZPO/ Wagner, § 142 Rn. 2.
241 Zöller/ Greger, § 138 Rn. 1.
242 Zöller/ Greger, § 138 Rn. 2.
243 Zöller/ Greger, § 138 Rn. 7 b.
244 Zöller/ Greger, § 139 Rn. 1.
245 Musielak, Beweislast, S. 36 ff.

muss, um prozessuale Nachteile, im schlimmsten Fall das gerichtliche Unterliegen, für sich zu verhindern[246].

6. *Beweislast*

Die Beweislast regelt, zu wessen Lasten die Unaufklärbarkeit einer streitigen und entscheidungserheblichen Tatsache geht. Sie greift also ein, wenn sich das Gericht trotz Ausschöpfung aller prozessual möglichen Beweismittel keine Überzeugung von der Wahrheit oder der Unwahrheit einer Tatsache bilden konnte. Dann liegt ein „non liquet“ vor, welches zum Nachteil der beweisbelasteten Partei geht[247].

7. *Allgemeine Aufklärungspflichten im deutschen Zivilprozess?*

Die ZPO enthält keine Regelung, die eine allgemeine prozessuale Aufklärungspflicht der Prozessparteien normiert[248]. Vereinzelt nennt sie spezielle Aufklärungspflichten. Solche finden sich zum Beispiel in den §§ 138, 423 ZPO. Unter den Begriff der allgemeinen Aufklärungspflicht werden Pflichten subsumiert, die die Parteien unabhängig von der Darlegungs- und/ oder der Beweislast treffen[249]. Ob eine solche allgemeine Aufklärungspflicht für die Parteien eines Rechtsstreits besteht, obwohl die ZPO sie nicht expressis verbis regelt, ist in Rechtsprechung und Literatur umstritten.

Während ein Teil der Lehre eine allgemeine Aufklärungspflicht im Zivilprozess auch für die nicht beweis- und darlegungspflichtige Partei[250] annimmt, lehnen die Rechtsprechung und die herrschende Lehre eine solche ab[251]. Lediglich in Ausnahmefällen gehen sie von der Existenz einer derartigen Verpflichtung aus. Diese leiten sie dann entweder aus den Grundsätzen von Treu und Glauben[252] oder aus § 286 ZPO her[253].

---

246 Jauernig/ Hess, § 50 Rn. 1.
247 Zöller/ Greger, vor § 284 Rn. 15; Jauernig/ Hess, § 50 Rn. 10.
248 Vgl. Stürner, S. 85; Wagner, JZ 2007, 706 (706); BGH NJW 1990, 3151 (3151); Rosenberg/Schwab/Gottwald, § 108 Rn. 8.
249 Rosenberg/Schwab/Gottwald, § 108 Rn. 8; Zöller/ Vollkommer, Einl. Rn. 55.
250 Stürner, S. 85 ff., 92 ff.; Peters, ZZP 82, 200 (208 f.).
251 Wagner, JZ 2007, 706 (707); BGHZ 116, 47 (56); 100, 190 (196); BGH NJW 1990, 3151 (3151); BGH NJW 2007, 155 (156).
252 BGH NJW 1961, 826 (828).
253 BGH NJW 1960, 821 (821).

II. Editionspflichten als spezielle Mittel zur Aufklärung des Sachverhalts

Da der deutsche Zivilprozess nach der ganz herrschenden Meinung keine allgemeinen Aufklärungspflichten für die Parteien begründet, bleibt die Frage, welche Mittel existieren, um die Fakten bestmöglich für eine gerichtliche Entscheidung aufzuarbeiten. Ein spezielles Aufklärungsmittel besteht in den Verpflichtungen zur Urkunden- und Dokumentenvorlage. Wegen der hohen Beweiskraft von Urkunden ist diese Möglichkeit ein besonders starkes Werkzeug. Zu berücksichtigen ist in diesem Kontext jedoch, dass im deutschen Zivilprozess der – wenn auch vielfach durchbrochene – Grundsatz gilt, dass keine Partei dazu verpflichtet werden darf, der Gegenseite solches Prozessmaterial vorzulegen, das diese für ihr gerichtliches Obsiegen benötigt[254]. Das heißt, die Vorlage von Dokumenten ist an die Erfüllung hoher Voraussetzungen geknüpft. Ebenso wie es an der Existenz einer allgemeinen Aufklärungspflicht fehlt, gibt es auch keine allgemeine prozessuale oder materielle Pflicht zur Urkundenedition[255]. Der Zivilprozess kennt jedoch zwei von einander zu unterscheidende Konstellationen, die eine Editionspflicht auslösen können. Einerseits können die Parteien einen formalen Beweisantrag gemäß §§ 421 ff. ZPO stellen. Andererseits kann eine gerichtliche Ermessensentscheidung zur Vorlageverpflichtung führen[256].

1. Einführung zu § 142 ZPO

In § 142 I, II ZPO heißt es:

> *„§ 142 Anordnung der Urkundenvorlegung*
> *(1) Das Gericht kann anordnen, dass eine Partei oder ein Dritter die in seinem Besitz befindlichen Urkunden und sonstigen Unterlagen, auf die sich eine Partei bezogen hat, vorlegt. Das Gericht kann hierfür eine Frist setzen sowie anordnen, dass die vorgelegten Unterlagen während einer von ihm zu bestimmenden Zeit auf der Geschäftsstelle verbleiben.*
>
> *(2) Dritte sind zur Vorlegung nicht verpflichtet, soweit ihnen diese nicht zumutbar ist oder sie zur Zeugnisverweigerung gemäß den §§ 383 bis 385 berechtigt sind. Die §§ 386 bis 390 gelten entsprechend.“*

§ 142 III ZPO beinhaltet eine Regelung über Urkunden in fremder Sprache, die hier nicht relevant ist.

---

254 BGH NJW 1958, 1491 (1491 f.); Zekoll/ Bolt, NJW 2002, 3129 (3129).

255 Wagner, JZ 2007, 706 (707); Peters, ZZP 82, 200 (205).

256 Zekoll/ Bolt, NJW 2002, 3129 (3129); Wolf, ZZP 116, 523 (525); Stadler, FS Beys, S. 1628; Wagner, JZ 2007, 706 (707).

Bei § 142 ZPO handelt es sich um eine prozessuale Vorlagepflicht. Das heißt, sie kann eine Vorlage unabhängig von dem Bestehen einer materiellen Editionspflicht auslösen[257]. Die Vorlageanordnung kann seit der Reform der ZPO[258] im Jahre 2001 gegenüber beiden Parteien erfolgen, also auch gegenüber der nicht beweisbelasteten Partei[259].

§ 142 ZPO dient der materiellen Prozessleitung durch den Richter[260]. Sie soll undeutliches oder lückenhaftes Tatsachenvorbringen der Parteien aufklären und damit den Streitstoff konkretisieren[261]. Sie kann auch der Feststellung bestimmter streitiger Behauptungen, also dem Beweis, dienen[262]. Letztere Funktion ermöglicht im Ergebnis einen Urkundenbeweis von Amts wegen[263].

2. *Voraussetzungen des § 142 I ZPO bezüglich Vorlagepflichten der Parteien*

a) *Bezugnahmekriterium*

Trotz der durch § 142 ZPO bewirkten Durchbrechungen des Beibringungsgrundsatzes verhindert das Bezugnahmekriterium, dass der Richter von Amts wegen beliebig Tatsachen in den Rechtsstreit einbringt[264].

Bezugnahme bedeutet das ausdrückliche oder konkludente Verweisen auf eine Urkunde, deren Existenz sich aus dem Parteivortrag ergibt[265]. Haben sich die Parteien gegen eine Bezugnahme entschlossen, kann keine Anordnung nach § 142 ZPO ergehen[266].

---

257 Hannich, S. 190; Zöller/ Greger, § 142 Rn. 1; BT-Drs. 14/ 6036 S. 120; Musielak/ Voit/ Stadler, § 142 Rn. 1; Saenger, ZZP 121, 139 (149).

258 Gesetz zur Reform des Zivilprozesses vom 27.07.2001 (BGBl. I S. 1887).

259 MüKo/ ZPO/ Wagner, § 142 Rn. 1.

260 Zöller/ Greger, § 142 Rn. 1; Saenger, ZZP 121, 139 (146).

261 MüKo/ ZPO/ Wagner, § 142 Rn. 1; Musielak/ Voit/ Stadler, § 142 Rn. 1; Hannich, S. 190; Stadler, FS Beys, S. 1640; Gruber/ Kießling, ZZP 116, 305 (310, 317 f.).

262 MüKo/ ZPO/ Wagner, § 142 Rn. 1; Musielak/ Voit/ Stadler, § 142 Rn. 1; Hannich, S. 190; Stadler, FS Beys, S. 1640; Gruber/ Kießling, ZZP 116, 305 (310).

263 Saenger, ZZP 121, 139 (146, 151); Wagner, JZ 2007, 706 (710).

264 Musielak/ Voit/ Stadler, § 142 Rn. 4; Leipold, FS Gerhardt, S. 564 (580); Zekoll/ Bolt, NJW 2002, 3129 (3130).

265 Musielak/ Voit/ Stadler, § 142 Rn. 4; Baumbach, § 142 Rn. 9; Gruber/ Kießling, ZZP 116, 305 (308).

266 Gruber/ Kießling, ZZP 116, 305 (309); Wagner, JZ 2007, 706 (711); Zekoll/ Bolt, NJW 2002, 3129 (3130).

Die Bezugnahme muss einen gewissen Spezifikationsgrad aufweisen[267], ohne jedoch zu hohe Anforderungen an sie zu stellen[268]. Sie ist ausreichend bestimmt, wenn diejenige Partei, die zur Vorlage verpflichtet werden soll, die Urkunde unproblematisch identifizieren kann[269]. Je nach Sachlage reichen allgemeinere Umschreibungen der Urkunde aus[270].

Ausgehend von dem Wortlaut des § 142 ZPO kann sowohl die bezugnehmende als auch die nicht bezugnehmende Partei zur Vorlage verpflichtet werden[271]. Das ist unabhängig davon, welche Partei die Urkunde besitzt[272].

b) Besitzkriterium

Die Parteien oder ein Dritter müssen die Urkunde besitzen. Nach einer Ansicht meint Besitz im Rahmen des § 142 ZPO sowohl unmittelbaren als auch mittelbaren Besitz[273]. Nach anderer Ansicht ist hier nur der unmittelbare Besitz betroffen[274].

c) Urkunde oder sonstige Unterlagen

Der Urkundenbegriff des § 142 ZPO umfasst jede Art von Urkunde im Sinne von §§ 415 ff. ZPO. Weder kommt es auf die Makellosigkeit der Urkunden an (§ 419 ZPO) noch ist das Vorliegen einer Urkunde im strafrechtlichen Sinne erforderlich[275].

Nach § 142 I 1 ZPO umfasst die Vorlagepflicht nicht nur Urkunden, sondern auch „sonstige Unterlagen". Der Gesetzgeber hat offen gelassen, was genau dem Begriff der „sonstigen Unterlagen" zuzuordnen ist. Unter Berücksichtigung des Zwecks der Norm wird jedoch deutlich, dass damit solche Sachen gemeint sein

---

267 Musielak/ Voit/ Stadler, § 142 Rn. 4; Baumbach, § 142 Rn. 9.

268 Stadler, FS Beys, S. 1639; Gruber/ Kießling, ZZP 116, 305 (308).

269 Musielak/ Voit/ Stadler, § 142 Rn. 4.

270 Musielak/ Voit/ Stadler, § 142 Rn. 4.

271 Zekoll/ Bolt, NJW 2002, 3129 (3130); Stadler, FS Beys, S. 1638 f.; Wolf, ZZP 116, 523 (525); Saenger, ZZP 121 (139, 146); Wagner, JZ 2007, 706 (706).

272 Siehe dazu mit weiteren Nachweisen: Gruber/ Kießling, ZZP 116, 305 (309–316); Lüpke/ Müller, NZI 2002, 588 (588).

273 Gruber/ Kießling, ZZP 116, 305 (316).

274 Baumbach, § 142 Rn. 8.

275 Baumbach, § 142 Rn. 7; Zöller/ Greger, § 142 Rn. 4; MüKo/ ZPO/ Wagner, § 142 Rn. 8.

sollen, die als Augenscheinobjekte leicht transportabel sind[276]. Dazu zählen zum Beispiel Bild-, Daten- oder Tonträger[277].

3. *Augenschein, Sachverständige, § 144 ZPO*

§ 144 ZPO bildet eine Parallelnorm zu § 142 ZPO. Die Vorschrift ermöglicht die Einnahme des Augenscheins sowie die Begutachtung durch Sachverständige, sofern sich die betroffenen Objekte im Besitz einer Partei oder eines Dritten befinden[278]. Auch hier kann das Gericht unabhängig vom Parteivortrag und nach pflichtgemäßem Ermessen eine Vorlegung von Amts wegen anordnen. Erforderlich ist, dass ausreichend Anknüpfungstatsachen von den Parteien vorgetragen wurden[279].

4. *Vorlageverweigerungsrechte der Parteien?*

Für die Parteien existieren keine positiv normierten Vorlageverweigerungsrechte bezogen auf eine Vorlageanordnung nach § 142 I ZPO[280]. Trotzdem bleiben die Parteiinteressen im Rahmen einer Anordnungsentscheidung nach § 142 ZPO nicht unberücksichtigt. Das Gericht würdigt das „ob" einer Vorlage im Rahmen des ihm eingeräumten Ermessens[281]. Bei der Abwägung muss es insbesondere geheimhaltungsbedürftige Informationen unter Berücksichtigung verfassungsrechtlicher Schranken nach Art. 2 GG und Art. 14 GG würdigen[282], also zuvorderst höchst persönliche und wirtschaftlich relevante Informationen[283].

5. *Vorlagepflichten Dritter gemäß § 142 II ZPO*

Die wichtigste Neuerung durch das ZPO-Reformgesetz aus dem Jahr 2001 besteht darin, dass unabhängig von den §§ 421 ff. ZPO am Prozess unbeteiligte Dritte zur Vorlage von Urkunden und sonstigen Unterlagen verpflichtet werden

---

276 Schlosser, JZ 2003, 427 (428).

277 Baumbach, § 142 Rn. 10.

278 MüKo/ ZPO/ Wagner, § 144 Rn. 22; Zöller/ Greger, § 144 Rn. 1.

279 Zöller/ Greger, § 144 Rn. 2; Musielak/ Voit/ Stadler, § 144 Rn. 3.

280 Wagner, JZ 2007, 706 (715); Gruber/ Kießling, ZZP 116, 305 (317); Lüpke/ Müller, NZI 2002, 588 (588); Oberheim, JA 2002, 408 (412).

281 Hannich, S. 191; BT-Drs. 14/6063, S. 120 f.; Lüpke/ Müller, NZI 2002, 588 (588); Wagner, JZ 2007, 706 (715); Schlosser, JZ 2003, 427 (428).

282 BT-Drs. 14/6036, S. 120; Saenger, ZZP 121, 139 (148), Schlosser, JZ 2003, 427 (428); Oberheim, JA 2002, 408 (412).

283 Gruber/ Kießling, ZZP 116, 305 (319).

können[284]. Vor der Reform konnte ein Dritter nur zur Edition verpflichtet werden, wenn ein materiell-rechtlicher Vorlagegrund gemäß §§ 422, 429 ZPO gegen ihn bestand.[285].

Dritter im Sinne von § 142 I ZPO ist eine Person, die nicht Streitgegner ist[286]. Dritte können gemäß § 142 II ZPO die Vorlage verweigern, wenn sie ihnen unzumutbar ist oder wenn sie sich auf ein Zeugnisverweigerungsrecht gemäß §§ 383 bis 385 ZPO berufen[287].

Mangels einer ausdrücklichen Regelung trägt der Dritte grundsätzlich die Kosten der Vorlage selbst[288]. Er kann aber nach § 23 II 1 JVEG (Gesetz über die Vergütung von Sachverständigen, Dolmetscherinnen, Dolmetschern, Übersetzerinnen und Übersetzern sowie die Entschädigung ehrenamtlicher Richterinnen, ehrenamtlicher Richter, Zeuginnen, Zeugen und Dritten) entschädigt werden[289]. Voraussetzung dazu ist eine gerichtliche Anordnung nach § 142 I 1 ZPO oder nach § 144 I ZPO gegenüber einem Dritten.

III. Durchsetzung der Vorlageanordnung bzw. Sanktionsmöglichkeiten

Es besteht die Möglichkeit, sowohl gegenüber der Partei als auch gegenüber Dritten Sanktionen zu verhängen, falls diese einer Vorlageanordnung nach §§ 142, 144 ZPO nicht nachkommen.

1. Durchsetzung gegenüber der Partei

Gegenüber den Parteien ist die Vorlageanordnung nach § 142 I ZPO nicht direkt erzwingbar. Eine Nichtbefolgung wirkt sich dennoch in der Regel nachteilig aus. Das Parteivorbringen gilt im Falle einer unterbliebenen Vorlage als nicht substantiiert. Soll die Anordnung dem Beweis dienen, bleibt die Partei beweisfällig oder die Nichtbeachtung durch die Partei ist nach § 286 ZPO zu würdigen[290].

---

284 Wagner, JZ 2007, 706 (706); Zekoll/ Bolt, NJW 2002, 3129 (3129); Stadler, FS Beys, S. 1638; Leipold, FS Gerhardt, S. 576; Gruber/ Kießling, ZZP 116, 305 (319); Wolf, ZZP 116, 523 (525); Ebel, ZRP 2001, 309 (314); Schellhammer, MDR 2001, 1081 (1081, 1084); Murray/ Stürner, S. 278.

285 MüKo/ ZPO/ Wagner, § 142 Rn. 11; Leipold, FS Gerhardt, S. 576 f.; Gruber/ Kießling, ZZP 116, 305 (306, 320 f.); Ebel, ZRP 116, 309 (314); Wagner, JZ 2007, 706 (710).

286 Zöller/Greger, § 142 Rn. 11; Zöller/Geimer, § 428 Rn. 2.

287 Gruber/ Kießling, ZZP 116, 305 (325).

288 Zöller/ Greger, § 142 Rn. 18.

289 Zöller/ Greger, § 142 Rn. 18.

290 MüKo/ ZPO/ Wagner, § 142 Rn. 13; Zöller/ Greger, § 142 Rn. 15.

2. *Durchsetzung gegenüber Dritten*

Gegenüber Dritten ist der Einsatz von Ordnungsmitteln (Ordnungsgeld oder Ordnungshaft, § 390 ZPO) bei unberechtigter Verweigerung möglich. Außerdem werden dem Dritten die durch unberechtigte Verweigerung entstandenen Kosten auferlegt. Unter Umständen kommt auch eine Berücksichtigung im Rahmen der Beweiswürdigung in Betracht[291].

IV. Urkundenedition im Rahmen des förmlichen Beweisantritts

1. *Überblick zu den §§ 420 ff. ZPO*

Unabhängig von einer Vorlageanordnung nach § 142 ZPO kann eine Urkundenedition im Rahmen eines formellen Beweisantrittes gemäß §§ 420 ff. ZPO veranlasst werden. Die §§ 420 ff. ZPO untergliedern sich systematisch in prozessuale und materielle Editionspflichten. Darüber hinaus differenzieren die Vorschriften danach, gegen wen sich ein Editionsverlangen richtet, also entweder gegen eine Partei oder gegen einen Dritten. Ein Anspruch nach §§ 421, 422 ZPO besteht neben der Vorlagepflicht nach § 142 ZPO[292]. Die nach dem aktuellen Recht vorgenommene Kategorisierung der Editionsgründe entspricht derjenigen, wie sie sich bereits im Gemeinen deutschen Zivilprozess gezeigt hat[293].

2. *Verbot des Ausforschungsbeweises*

Bevor die Voraussetzungen eines Beweisantrags im Einzelnen erörtert werden, ist für den Kontext der Untersuchung das Verbot des Ausforschungsbeweises zu berücksichtigen. Dieses setzt einer zivilprozessualen Beweisführung Grenzen. Die Rechtsprechung und die Literatur subsumieren im Wesentlichen zwei Fallgruppen unter die Bezeichnung, die häufig jedoch in Kombination miteinander auftreten[294]. Ein Ausforschungsbeweis liegt vor, wenn mit dem Beweisantritt erst die Grundlage für neue Fakten gewonnen und damit neue Erkenntnisquellen erschlossen werden sollen, auf deren Grundlage ein späterer Beweisantritt beruhen soll[295]. Außerdem liegt ein Ausforschungsbeweis vor, wenn die unter Beweis gestellten Tatsachen jeglicher Grundlage entbehren, also „ins Blaue hinein" oder

---

291 MüKo/ ZPO/ Wagner, § 142 Rn. 14; Zöller/ Greger, § 142 Rn. 15.

292 Zöller/ Geimer, § 422 Rn. 2.

293 von Bayer, S. 955; Mittermaier, Martin, S. 8 ff.

294 Anhalt, S. 73.

295 Zöller/ Greger, vor § 284 Rn. 8c; Anhalt, S. 73, Esser, S. 65.

aufs „Geratewohl" hin aufgestellt werden[296]. Liegen diese Kriterien vor, ist der Beweisantrag unzulässig[297]. Etwas anderes gilt nur, wenn die Partei für eine Tatsache darlegungspflichtig ist, von der sie keine Kenntnis haben kann, also zum Beispiel bei inneren Tatsachen. In diesen Konstellationen ist die Behauptung der bloß vermuteten Tatsache keine unzulässige Ausforschung[298].

3. *Beweisantritt gemäß § 420 ZPO*

Eine beweisführende Partei wird eine Urkundenvorlage nach §§ 420 ff. ZPO anstreben, wenn sie das Gericht von der Wahrheit oder Unwahrheit einer Tatsachenbehauptung überzeugen möchte[299]. In § 420 ZPO heißt es, dass der Beweis durch die Vorlegung der Urkunde angetreten wird. Die Art und Weise der Vorlegung nach §§ 420 ff. ZPO hängt davon ab, in wessen Besitz sich die Urkunde befindet[300].

Hält die beweisführende Partei die Urkunde in ihrem Besitz, kann sie diese dem Gericht ohne großen Aufwand präsentieren. Ist ein Dritter oder der Prozessgegner im Besitz der Urkunde, ist der Vorlegungsmodus komplizierter. Die §§ 421 ff. ZPO regeln diese Konstellationen.

4. *Editionspflichten des Prozessgegners gemäß §§ 421, 422 ZPO*

§ 421 ZPO bestimmt die Vorgehensweise für den Fall, in dem sich die Urkunde nach der Behauptung der beweisführenden Partei im Besitz der Gegenseite befindet. Wörtlich heißt es in § 421 ZPO:

> „Befindet sich die Urkunde nach der Behauptung des Beweisführers in den Händen des Gegners, so wird der Beweis durch den Antrag angetreten, dem Gegner die Vorlegung der Urkunde aufzugeben."

Das Gericht gibt dem Antrag der beweisführenden Partei statt, wenn für den Gegner eine materiell-rechtliche oder eine prozessuale Vorlegungspflicht besteht und wenn die formalen Voraussetzungen des § 424 ZPO erfüllt sind.

a) *Materielle Editionspflichten des Prozessgegners gemäß § 422 ZPO*

Nach § 422 ZPO ist der Gegner zur Vorlage der Urkunde verpflichtet, wenn der Beweisführer von ihm die Vorlage oder Herausgabe der Urkunde nach den

---

296 Anhalt, S. 73; BGH NJW 95, 2111 (2111); Kiethe, MDR 2003, 1325 (1326).
297 Zöller/ Greger, vor § 284 Rn. 8c.
298 BGH NJW 95, 1160 (1161).
299 Jauernig/ Hess, § 51 Rn. 1.
300 MüKo/ ZPO/ Schreiber, § 420 Rn. 1; Schellhammer, Rn. 534, 593 f.

Vorschriften des bürgerlichen Rechts verlangen kann. Dies ist der Fall, wenn eine materiell-rechtliche Editionspflicht besteht[301]. Die wichtigsten Editionspflichten des Bürgerlichen Gesetzbuches finden sich in den §§ 259, 402, 666, 675, 810 BGB[302]. Daneben finden sich Editionspflichten beispielsweise auch im Handelsgesetzbuch und im Wertpapierhandelsgesetz. Von besonderer Wichtigkeit sind hier die §§ 809, 810 BGB. Sie gehen unmittelbar auf die im Kapitel zur historischen Rechtslage erörterte actio ad exhibendum zurück[303]. §§ 809, 810 BGB begründen schuldrechtliche Vorlegungsansprüche. Die Normen greifen in solchen Konstellationen ein, in denen erst nach Einsichtnahme einer Urkunde beurteilt werden kann, ob ein Anspruch tatsächlich besteht oder nicht[304].

aa) Besichtigung einer Sache, § 809 BGB

> „Wer gegen den Besitzer einer Sache einen Anspruch in Ansehung der Sache hat oder sich Gewissheit verschaffen will, ob ihm ein solcher Anspruch zusteht, kann, wenn die Besichtigung der Sache aus diesem Grunde für ihn von Interesse ist, verlangen, dass der Besitzer ihm die Sache zur Besichtigung vorlegt oder die Besichtigung zulässt."

Im Einzelnen hat § 809 BGB die folgenden Voraussetzungen:

aaa) Sache

Gegenstand des Besichtigungsbegehrens muss eine Sache im Sinne von § 90 BGB sein, auch unbewegliche Sachen zählen dazu[305]. Trotz der noch zu erörternden Sondervorschrift des § 810 BGB, kann sich auch § 809 BGB auf Urkunden erstrecken. Diese Option wird zum Beispiel relevant, wenn sich ein Gläubiger Gewissheit über das Bestehen eines Anspruchs nach § 810 BGB verschaffen möchte[306].

bbb) Besitz

Der Anspruch muss gegen den Besitzer der Sache geltend gemacht werden. Nach überwiegender Ansicht meint Besitz im Rahmen der §§ 809, 810 BGB sowohl

---

301 Zöller/ Geimer, § 422 Rn. 1 f.; MüKo/ ZPO/ Schreiber, § 422 Rn. 1; Baumbach, § 422 Rn. 1.

302 Wagner, JZ 2007, 706 (707); Zöller/ Geimer, § 422 Rn. 2; Musielak/ Voit/ Huber, § 422 Rn. 1.

303 Vgl. dazu MüKo/ BGB/ Habersack, § 809 Rn. 1.

304 Staudinger/ Marburger, Vorb. zu § 809, Rn. 3 f.; Soergel/ Hadding, § 809 Rn. 1.

305 MüKo/ BGB/ Habersack, § 809 Rn. 3; Staudinger/ Marburger, § 809 Rn. 1; Bamberger/ Roth/ Gehrlein, § 809 Rn. 2.

306 MüKo/ BGB/ Habersack, § 809 Rn. 3.

unmittelbaren als auch mittelbaren Besitz. Mittelbarer Besitz reicht aus, sofern der mittelbare Besitzer in der Lage ist, den Besichtigungsanspruch zu erfüllen. Das ist der Fall, wenn er die Sache von dem unmittelbaren Besitzer sofort heraus verlangen kann[307].

ccc) Anspruch in Ansehung der Sache

Es muss ein Anspruch in Ansehung der Sache bestehen. Das bedeutet, der Anspruch muss eine rechtliche Beziehung zu der Sache aufweisen. Dazu ist es nicht erforderlich, dass er zwingend die Sache selbst zum Gegenstand hat. Der Anspruch muss aber auf irgendeine Art und Weise von dem Bestand oder der Beschaffenheit der Sache abhängen[308]. Der Anspruch kann schuldrechtlicher oder dinglicher Natur sein und auch Anfechtungsrechte oder Rechte aus gewerblichem Rechtsschutz umfassen[309].

ddd) Interesse an der Besichtigung

An der Besichtigung muss ein ernstliches Interesse besonderer Art bestehen. Ein rechtliches Interesse ist nicht erforderlich. Das Interesse entfällt, wenn der Anspruch in Ansehung der Sache zum Beispiel wegen Verjährung nicht mehr durchgesetzt werden kann oder wenn sich der Berechtigte auf leichtere Art und Weise Kenntnis über seinen Anspruch verschaffen kann[310].

An dem Tatbestandsmerkmal „Interesse an der Besichtigung" zeigt sich deutlich, dass die §§ 809 f. BGB der actio ad exhibendum entspringen. Denn bei dieser war der Nachweis eines faktischen oder eines rechtlichen Interesses an der Edition ebenfalls stets erforderlich.

eee) Begriff der Besichtigung

Der Begriff der Besichtigung umfasst sowohl die rein optische Wahrnehmung als auch eine genauere Inspektion einer bestimmten Sache oder Sachgesamtheit zum Beispiel durch Vermessungen, Berührungen und Wiegen[311].

---

307 Staudinger/ Marburger, § 809 Rn. 10; Erman/ Wilhelmi, § 809 Rn. 3.

308 MüKo/ BGB/ Habersack, § 809 Rn. 5; Soergel/ Hadding, § 809 Rn. 4; BGHZ 93, 191 (191); 150, 377 (377).

309 Soergel/ Hadding, § 809 Rn. 4; Jauernig/ Stadler, § 809 Rn. 3.

310 MüKo/ BGB/ Habersack, § 809 Rn. 7; Soergel/ Hadding, § 809 Rn. 6; Bamberger/ Roth/ Gehrlein, § 809 Rn. 5; BGHZ 150, 377 (377).

311 Staudinger/ Marburger, § 809 Rn. 9; Bamberger/ Roth/ Gehrlein, § 809 Rn. 6; MüKo/ BGB/ Habersack, § 809 Rn. 9.

fff) Verweigerung der Besichtigung

Kann der Anspruchsgegner schutzwürdige Belange vortragen, die das Interesse des Anspruchsstellers überwiegen, so kann er die Besichtigung der Sache verweigern. Zur Bestimmung des vorzugswürdigen Interesses ist eine Abwägung unter Berücksichtigung des Verhältnismäßigkeitsgrundsatzes vorzunehmen[312]. Die Abwägung kann über § 242 BGB zu einem Ausschluss des Anspruchs führen oder ihn in seinem Umfang sowie in der Art und Weise der Einsichtnahme beschränken. Das ist insbesondere der Fall bei Urkunden, die Betriebsgeheimnisse enthalten[313].

ggg) Kosten

Die Besichtigungskosten trägt der Anspruchsinhaber[314].

bb) Einsicht in Urkunden, § 810 BGB

> „Wer ein rechtliches Interesse daran hat, eine in fremdem Besitz befindliche Urkunde einzusehen, kann von dem Besitzer die Gestattung der Einsicht verlangen, wenn die Urkunde in seinem Interesse errichtet oder in der Urkunde ein zwischen ihm und einem anderen bestehendes Rechtsverhältnis beurkundet ist oder wenn die Urkunde Verhandlungen über ein Rechtsgeschäft enthält, die zwischen ihm und einem anderen oder zwischen einem von beiden und einem gemeinschaftlichen Vermittler gepflogen worden sind."

Die Norm des § 810 BGB enthält gegenüber § 809 BGB eine spezialrechtliche Erweiterung für Urkunden[315]. Die Norm erweitert die Urkundenvorlagepflicht nach § 809 BGB dahingehend, dass der Anspruch lediglich vom Inhalt der Urkunde und vom Vorliegen eines rechtlichen Interesses an der Einsicht abhängig gemacht wird und im Ergebnis jeden Urkundenbesitzer zur Edition verpflichtet[316].

aaa) Originalurkunden

Es muss sich bei der Urkunde um eine Originalurkunde handeln. Kopien und Abschriften können nur Anspruchsgegenstand sein, wenn sich das Vorlegungsinteresse gerade auf sie bezieht. Das ist beispielsweise bei Unauffindbarkeit des Originals der Fall[317].

---

312 BVerfGE 27, 344 (344);

313 MüKo/ BGB/ Habersack, § 809 Rn. 7; Staudinger/ Marburger, Vorb. zu § 809 Rn. 5.

314 Staudinger/ Marburger, § 811 Rn. 3; MüKo/ BGB/ Habersack, § 811 Rn. 5.

315 Soergel/ Hadding, § 810 Rn. 1; Bamberger/ Roth/ Gehrlein, § 810 Rn. 1.

316 Staudinger/ Marburger, § 810 Rn. 1.

317 MüKo/ BGB/ Habersack, § 810 Rn. 3; Staudinger/ Marburger, § 810 Rn. 4; BGB-RGRK/ Steffen, § 810 Rn. 4.

bbb) Rechtliches Interesse an Einsicht

Im Gegensatz zu § 809 BGB reicht für den Anspruch aus § 810 BGB kein rein faktisches und ernstliches Interesse. Erforderlich ist vielmehr ein rechtliches Interesse an der Edition[318]. Dieses ist zu bejahen, wenn die Einsicht in die Urkunde notwendig ist, um rechtlich geschützte Interessen zu fördern, zu erhalten oder zu verteidigen[319]. Eine von der Rechtsprechung entwickelte Einschränkung liegt darin, dass die Vorlage der Urkunde nach § 810 BGB ausschließlich dazu dienen soll, sich endgültige Gewissheit über einen wahrscheinlich bestehenden Anspruch zu verschaffen[320]. Das heißt, das rechtliche Interesse fehlt, wenn das Vorlageersuchen zum Ziel hat, sich erst Unterlagen zur Rechtsverfolgung zu verschaffen, wenn also ein Anspruch damit erst konkretisiert werden soll[321].

ccc) Bestimmte Beziehung des Anspruchsstellers zur Urkunde

Eine weitere Voraussetzung ist, dass der Anspruchssteller eine bestimmte Beziehung zu der Urkunde hat. Deren Existenz kann durch drei abschließend aufgelistete Tatbestandsvarianten begründet werden[322]. Die Beziehung kann erstens dadurch begründet werden, dass die Urkunde zumindest auch im Interesse des Anspruchsstellers begründet wurde. Eine zweite Variante zur Vorlageverpflichtung ist gegeben, wenn die Urkunde ein Rechtsverhältnis beurkundet, das zwischen dem Anspruchssteller und anderen begründet wurde. Schließlich kann eine Vorlagepflicht dadurch ausgelöst werden, dass die Urkunde Vertragsverhandlungen über ein Rechtsgeschäft enthält.

ddd) Anspruchsgegner als Besitzer der Urkunde

Die von den Eigentumsverhältnissen losgelöste[323] Vorlagepflicht richtet sich gegen den Besitzer der Urkunde. Im Hinblick auf das Besitzkriterium gelten dieselben Grundsätze wie bei § 809 BGB[324].

---

318 Soergel/ Hadding, § 810 Rn. 2; Staudinger/ Marburger, § 810 Rn. 10; BGB-RGRK, § 810 Rn. 5.

319 Staudinger/ Marburger, § 810 Rn. 10; Soergel/ Hadding, § 810 Rn. 2; BGH NJW-RR 1992, 1072 (1072).

320 MüKo/ BGB/ Habersack, § 810 Rn. 10 f.; Soergel/ Hadding, § 810 Rn. 2.

321 Staudinger/ Marburger, § 810 Rn. 10; Grimme, JA 1985, 320 (321 f.); Bamberger/ Roth/ Gehrlein, § 810 Rn. 5; BGHZ 93, 191 (200); 109, 260 (267); RGZ 135, 188 (192).

322 Staudinger/ Marburger, § 810 Rn. 12.

323 Staudinger/ Marburger, § 810 Rn. 9; Bamberger/ Roth/ Gehrlein, § 810 Rn. 1.

324 Staudinger/ Marburger, § 810 Rn. 9.

eee) Anspruchsinhalt

Um dem Interesse an der Einsicht der Urkunde umfassend Rechnung tragen zu können, gewährleistet der Anspruch nicht nur die Einsichtnahme im engeren Sinne. Er erlaubt es dem Berechtigten darüber hinaus, sich über den Inhalt der Urkunde Aufzeichnungen zu machen und grundsätzlich auch Fotokopien anzufertigen[325]. Um im Gegenzug die Geheimhaltungsinteressen des Urkundenbesitzers nicht zu gefährden, kann dieses Recht auf Aufzeichnungen durch geeignete gerichtliche Maßnahmen eingeschränkt werden[326].

cc) Modalitäten der Vorlegung gemäß § 811 BGB

§ 811 BGB bestimmt den Ort, an dem die Vorlegung nach §§ 809, 810 BGB zu erfolgen hat, wer die Gefahr und wer die Kosten trägt. Gemäß § 811 I 1 BGB erfolgt die Vorlegung grundsätzlich an dem Ort, an dem sich die Sache befindet. Der Begriff des Vorlegungsortes des § 811 BGB entspricht dem des § 269 BGB[327]. Bei Vorliegen eines wichtigen Grundes kann nach § 811 I 2 BGB die Vorlage auch an einem anderen Ort verlangt werden.

dd) Einsichtnahme in Testamente

Das im Kapitel zum Gemeinen Prozess erörterte „interdictum de tabulis exhibendis" fand im BGB in § 2264 a.F. bis zum Jahr 2009 eine Parallele. Für Einsichtnahmen in oder Herausgaben von Testamenten gab und gibt es noch immer Spezialregelungen. Nach § 2264 a.F. BGB war es möglich, ein eröffnetes Testament einzusehen sowie eine Abschrift eben dieses oder einzelner Teile davon zu fordern, sofern ein rechtliches Interesse glaubhaft gemacht werden konnte. Mit dem Gesetz zur Reform des Verfahrens in Familiensachen und in den Angelegenheiten der freiwilligen Gerichtsbarkeit (FGG-Reformgesetz – FGG-RG) vom 17.12.2008 ist § 2264 BGB a.F. mit Wirkung zum 01.09.2009 entfallen. Im Gesetz über das Verfahren in Familiensachen und in den Angelegenheiten der freiwilligen Gerichtsbarkeit (FamFG) findet sich nun eine ähnliche Vorschrift in § 348 II 3. Danach ist den gesetzlichen Erben sowie den sonstigen Beteiligten eine Verfügung von Todes wegen auf deren Verlangen hin vorzulegen.

---

325 Staudinger/ Marburger, § 810 Rn. 5; Erman/ Wilhelmi, § 811 Rn. 2; Bamberger/ Roth/ Gehrlein, § 811 Rn. 3; Grimme, JA 1985, 320 (322).

326 Staudinger/ Marburger, § 810 Rn. 5.

327 MüKo/ BGB/ Habersack, § 811 Rn. 2; Staudinger/ Marburger, § 811 Rn. 2; Bamberger/ Roth/ Gehrlein, § 811 Rn. 1; BGHZ 87, 104 (110).

b) Handelsrechtliche Editionspflichten

Neben den bürgerlich rechtlichen Vorlagepflichten finden sich solche auch im HGB. So wie die §§ 809, 810 BGB unmittelbar auf die actio ad exhibendum zurückgehen, stehen die handelsrechtlichen Editionspflichten in einer Kontinuität zu den Vorlagepflichten der argentarii.

aa) Vorlegung im Rechtsstreit, § 258 HGB

Nach § 258 I HGB kann das Gericht im Laufe eines Rechtsstreits auf Antrag oder von Amts wegen die Vorlegung der Handelsbücher einer Partei anordnen. Es handelt sich um eine selbständige prozessuale Editionspflicht für Handelsbücher, nicht aber für Handelsbriefe[328].

Nach § 258 II HGB bleiben die Vorschriften der ZPO über die Verpflichtung des Prozessgegners zur Vorlegung von Urkunden unberührt. Im Unterschied zu § 258 HGB verlangt aber § 423 ZPO, dass sich der Prozessgegner zum Zwecke der Beweisführung auf die Urkunde bezogen hat[329].

Dem Wortlaut nach können zu einer Vorlage nach § 258 HGB nur die Parteien verpflichtet werden, nicht hingegen Dritte[330]. Im Zusammenhang mit der Neufassung des § 142 ZPO aus dem Jahr 2001 stellt sich die Frage, ob diese Differenzierung gerechtfertigt ist. Sie könnte es sein, wenn es sich bei § 142 ZPO um eine Norm mit spezialrechtlichem Charakter handelte, der die Ausweitung der Drittvorlageverpflichtungen von dem Vorliegen ganz bestimmter Voraussetzungen abhängig machen wollte. Das ist jedoch nicht der Fall. § 142 ZPO ist vielmehr eine Generalnorm der ZPO, die die Editionspflichten der Parteien und Dritter konstituiert. Für besondere Arten von Gegenständen hat die Vorschrift lediglich spezialgesetzliche Ausprägungen erfahren. Zu dieser Kategorie zählt auch § 258 HGB[331]. Die Entstehungsgeschichte des § 142 n. F. ZPO und des § 258 HGB weisen § 142 ZPO n. F. als die jüngere Vorschrift aus. Damit erstreckt sich die Vorlagepflicht des § 258 HGB auch auf Dritte[332]. Gemäß § 258 II HGB bleiben die Vorschriften der ZPO über die Verpflichtung des Prozessgegners zur Vorlegung von Urkunden unberührt. Der Verweis betrifft die §§ 415 ff. ZPO[333].

---

328 Gruber/ Kießling, ZZP 116, 305 (324); Stadler, FS Beys, S. 1636.

329 MüKo/ HGB/ Ballwieser, § 258 Rn. 3; Baumbach/ Hopt/ Merkt, § 258 Rn. 2.

330 Gruber/ Kießling, ZZP 116, 305 (324).

331 Gruber/ Kießling, ZZP 116, 305 (324).

332 Gruber/ Kießling, ZZP 116, 305 (324).

333 MüKo/ HGB/ Ballwieser, § 258 Rn. 3.

bb) Vorlegung im Rechtsstreit, § 102 HGB

§ 102 HGB stellt ebenso wie § 258 HGB eine selbständige prozessuale Vorlageverpflichtung für Handelsbücher dar[334]. Nach der Vorschrift kann im Laufe eines Rechtsstreits die Vorlegung des Tagebuchs zu bestimmten Vergleichszwecken vom Gericht angeordnet werden. Eine Vorlage nach § 102 HGB kann sowohl von der Partei im Wege des Beweisantritts beantragt als auch von Amts wegen angeordnet werden[335]. Einschränkende Voraussetzung der Norm ist, dass bereits andere Beweismittel für das gleiche Beweisthema vorliegen. Die Norm hat damit den Zweck einer Beweismittelkontrolle[336].

cc) Kontrollrecht der Gesellschafter, § 118 HGB

Gemäß § 118 I HGB kann sich jeder Gesellschafter von den Angelegenheiten der Gesellschaft persönlich unterrichten, die Handelsbücher und die Papiere der Gesellschaft einsehen und sich aus ihnen eine Bilanz und einen Jahresabschluss anfertigen. Die Vorschrift beinhaltet ein Informationsrecht. Dieses untergliedert sich in ein Einsichtsrecht, ein Recht auf Abschriften und in ein Auskunftsrecht[337].

Das Recht auf Einsichtnahme erstreckt sich auf alle Handelsbücher und Papiere der OHG. Seinem Umfang nach gestattet es zum Beispiel das Betreten von Geschäftsräumen, Anlagen und Einrichtungen, das Besichtigen von Sachen, die Einsichtnahme von Korrespondenzen, Aktenvermerken und dergleichen, das Notizenmachen und das Anfertigen von Kopien[338]. Die Kosten der Einsichtnahme trägt grundsätzlich der Anspruchsberechtigte[339].

Die Vorlegungsrechte aus § 258 HGB und aus §§ 422 ff. ZPO bestehen selbständig neben dem Informationsrecht des § 118 HGB[340].

dd) Kontrollrecht, § 166 HGB

Nach § 166 I HGB ist der Kommanditist berechtigt, die abschriftliche Mitteilung des Jahresabschlusses zu verlangen und dessen Richtigkeit unter Einsicht der Bücher und Papiere zu prüfen. Nach § 166 III HGB kann das Gericht auf Antrag

---

334 Gruber/ Kießling, ZZP 116, 305 (324); Stadler, FS Beys, S. 1636.
335 MüKo/ HGB/ von Hoyningen-Huene, § 102 Rn. 3.
336 MüKo/ HGB/ von Hoyningen-Huene, § 102 Rn. 1; K/ K/ R/ M/ Roth, § 102 Rn. 1.
337 Baumbach/ Hopt/ Roth, § 118 Rn. 1, 4, 6, 7; MüKo/ HGB/ Enzinger, § 118 Rn. 7, 11, 15 f.
338 Baumbach/ Hopt/ Roth, § 118 Rn. 4; MüKo/ HGB/ Enzinger, § 118 Rn. 9, 15.
339 Baumbach/ Hopt/ Roth, § 118 Rn. 5; MüKo/ HGB/ Enzinger, § 118 Rn. 28.
340 Baumbach/ Hopt/ Roth, § 118 Rn. 14.

des Kommanditisten die Mitteilung einer Bilanz und eines Jahresabschlusses oder sonstiger Aufklärungen sowie die Vorlegung der Bücher und Papiere jederzeit anordnen.

ee) Kontrollrecht des stillen Gesellschafters, § 233 HGB

Nach § 233 I HGB ist der stille Gesellschafter berechtigt, die abschriftliche Mitteilung des Jahresabschlusses zu verlangen und dessen Richtigkeit unter Einsicht der Bücher und Papiere zu prüfen. § 233 HGB entspricht sachlich der Vorschrift des § 166 HGB. Die Ausführungen zu § 166 HGB gelten entsprechend[341].

c) Anforderungen an den Vorlegungsantrag nach §§ 421, 424 ZPO

Nach der Darstellung einiger wichtiger Vorlageverpflichtungen sowohl aus dem BGB als auch aus dem HGB stellt sich die Frage, welche formellen Anforderungen an einen Anspruch nach §§ 421, 422 ZPO gestellt werden.

Es ist ein Vorlegungsantrag gemäß § 424 ZPO bei Gericht zu stellen. § 424 ZPO schreibt vor, welche Angaben der Antrag enthalten muss und dass der Grund glaubhaft zu machen ist. Entgegen ihrem Wortlaut handelt es sich bei der Norm um eine Muss-Vorschrift[342]. Zum Beispiel muss der Antrag die Urkunde und die Tatsachen bezeichnen, die durch die Urkunde bewiesen werden sollen, § 424 Nr. 1, Nr. 2 ZPO.

d) Verhalten des Prozessgegners nach Antragsstellung

Liegen die Voraussetzungen des § 424 ZPO vor, hängt die Vorlage nach § 421 ZPO im Weiteren von dem Verhalten des Prozessgegners ab. Je nachdem, ob der Besitz an der Urkunde eingeräumt oder geleugnet wird beziehungsweise sich der Prozessgegner gar nicht erklärt, richten sich die Rechtsfolgen nach den §§ 425–427 ZPO. Bei einer Nichtvorlegung kann nach § 427 S. 1 ZPO eine vom Beweisführer beigebrachte Abschrift als richtig angesehen werden. Nach § 427 S. 2 ZPO können die Behauptungen des Beweisführers über die Beschaffenheit und den Inhalt der Urkunde als bewiesen angenommen werden, wenn keine Abschrift vorgelegt wurde. Die Vorschrift enthält keinerlei Möglichkeit, zwangsweise vorzugehen[343].

---

341 Baumbach/ Hopt/ Roth, § 233 Rn. 1; K/ K/ R/ M/ Kindler, § 233 Rn. 1; BGH NJW 1984, 2470 (2470 f.); MüKo/ HGB/ Schmidt, § 233 Rn. 5.

342 Baumbach, § 424 Rn. 4; Musielak/ Voit/ Huber, § 424 Rn. 1; Zöller/ Geimer, § 424 Rn. 1; MüKo/ ZPO/ Schreiber, § 424 Rn. 1.

343 T/ P/ Reichold, § 427 Rn. 2.

5. *Prozessuale Editionspflichten*

Es existieren auch rein prozessuale Vorlegungspflichten in der ZPO.

a) *Prozessuale Editionspflichten der Partei gemäß § 423 ZPO*

§ 423 ZPO begründet einen eigenständigen prozessualen Vorlegungsgrund[344]. Danach ist der Gegner verpflichtet, solche Urkunden vorzulegen, auf die er in dem Prozess zur Beweisführung selbst Bezug genommen hat, sofern sich die Urkunde in seinen Händen befunden hat[345]. Hinsichtlich der Bezugnahme reicht es aus, wenn diese in einem vorausgegangenen Schriftsatz erfolgt war. Sie ist jedoch nicht bereits dann anzunehmen, wenn der Gegner auf den Urkundeninhalt lediglich zur Ergänzung oder Erklärung seines Tatsachenvortrags verwiesen hat[346]. Der Beweisführer muss in seinem Antrag darlegen, warum eine Vorlegungspflicht des Gegners besteht[347].

b) *Editionspflichten Dritter gemäß §§ 428 ff. ZPO*

Die Vorlageverpflichtungen Dritter sind in den §§ 428 ff. ZPO normiert.

In § 428 ZPO heißt es:

> „Befindet sich die Urkunde nach der Behauptung des Beweisführers im Besitz eines Dritten, so wird der Beweis durch den Antrag angetreten, zur Herbeischaffung der Urkunde eine Frist zu bestimmen oder eine Anordnung nach § 142 ZPO zu erlassen."

Danach greift 428 ZPO ein, wenn sich die Urkunde nach der Behauptung des Beweisführers im unmittelbaren oder mittelbaren[348] Besitz eines am Rechtsstreit unbeteiligten Dritten befindet[349]. In diesem Fall gibt es für den Beweisführer zwei Möglichkeiten, seinen Beweis anzutreten. Er kann einen Antrag an das Gericht stellen, eine Frist zu setzen, binnen derer die Urkunde herbeigeschafft werden kann. Diese Herbeischaffung obliegt dem Beweisführer selbst[350]. Alternativ kann er einen Antrag auf Erlass einer Anordnung nach § 142 ZPO stellen.

---

344 Musielak/ Voit/ Huber, § 423 Rn. 1; Zöller/ Geimer, § 423 Rn. 1; MüKo/ ZPO/ Schreiber, § 423 Rn. 1.

345 Zöller/ Geimer, § 423 Rn. 1; MüKo/ ZPO/ Schreiber, § 423 Rn. 1; RGZ 35, 105 (109); Baumbach, § 423 Rn. 1.

346 MüKo/ ZPO/ Schreiber, § 423 Rn. 1; Baumbach, § 423 Rn. 1.

347 Musielak/ Voit/ Huber, § 423 Rn. 1.

348 Musielak/ Voit/ Huber, § 428 Rn. 2.

349 Musielak/ Voit/ Huber, § 428 Rn. 2; MüKo/ ZPO/ Schreiber, § 428 Rn. 1.

350 Musielak/ Voit/ Huber, § 428 Rn. 3; MüKo/ ZPO/ Schreiber, § 428 Rn. 2.

6. Antrag bei Vorlegung durch Dritte, § 430 ZPO

Nach § 430 ZPO hat der Beweisführer zur Begründung des nach § 428 ZPO zu stellenden Antrags den Erfordernissen des § 424 Nr. 1 bis 3, 5 zu genügen und er muss glaubhaft machen, dass die Urkunde sich in den Händen des Dritten befindet.

7. Vorlegungsfrist gemäß § 431 ZPO

Das Gericht setzt dem Dritten eine Frist zur Vorlegung der Urkunde, wenn die Tatsache, die durch die Urkunde bewiesen werden soll, erheblich ist und ein ordnungsgemäßer Antrag im Sinne von § 430 ZPO vorliegt.

8. Vorlagepflicht Dritter gemäß § 429 ZPO

Nach § 429 ZPO ist der Dritte aus denselben Gründen wie der Gegner des Beweisführers zur Vorlegung einer Urkunde verpflichtet. § 429 ZPO bildet also eine weitere Möglichkeit, eine Edition gegen einen Dritten zu bewirken. Der Dritte muss die Urkunde in seinem unmittelbaren oder mittelbaren Besitz haben und es muss das Beweisinteresse bestehen. An die Stelle der Vorlageanordnung tritt die Fristbestimmung nach § 430 ZPO[351]. Legt der Dritte die Urkunde nicht vor, kann die Edition nur im Wege der Klage erreicht werden[352]. Auf § 429 ZPO ist § 422 ZPO anwendbar, sodass bei einer Klage gegen den Dritten ein materiell-rechtlicher Herausgabe- oder Vorlegungsanspruch gegeben sein muss. In Betracht kommen insbesondere die Ansprüche nach §§ 809 f. BGB[353]. § 426 ZPO ist nicht anzuwenden[354].

9. Verhältnis des § 142 ZPO zu §§ 428, 429 ZPO

Im Zuge der Zivilprozessreform aus dem Jahr 2001 wurden auch die §§ 428, 429 ZPO geändert. Da sie in einem engen Zusammenhang zu § 142 ZPO stehen, ist es erforderlich, ihr Verhältnis zu einander zu klären. Das gilt insbesondere für § 428 Var. 2 ZPO zu § 142 II ZPO. Denn beide Vorschriften betreffen die Vorlage von Urkunden, wenn sich diese im Besitz Dritter befinden[355].

---

351 T/ P/ Reichold, § 429 Rn. 1.

352 Musielak/ Voit/ Huber, § 429 Rn. 2; MüKo/ ZPO/ Schreiber, § 429 Rn. 2; Baumbach, § 429 Rn. 4; Schellhammer, Rn. 595; T/ P/ Reichold, § 429 Rn. 2.

353 Musielak/ Voit/ Huber, § 429 Rn. 1; MüKo/ ZPO/ Schreiber, § 429 Rn. 1.

354 T/ P/ Reichold, § 429 Rn. 2.

355 Hannich, S. 308 f.; Leipold, FS Gerhardt, S. 577 f.

Die Möglichkeit, einen Dritten auf Vorlage zu verklagen, wenn er die Vorlage nach § 428 Var. 1 ZPO verweigerte, bestand gemäß §§ 429 S. 1 HS 1, 422 ZPO bereits vor der Reform[356]. Die Reform führte jedoch durch die Neuformulierung des § 428 Var. 2 ZPO n. F. eine zweite Möglichkeit ein, mittels derer ein Dritter zur Vorlage verpflichtet werden kann. Ein Urkundenbeweis kann nun auch dadurch angetreten werden, dass der Beweisführer gemäß § 428 Var. 2 ZPO bei Gericht beantragt, eine Anordnung nach § 142 ZPO gegen den Dritten zu erlassen[357].

Fraglich ist, ob durch diese Neuformulierung des § 428 Var. 2 ZPO lediglich ein neuer Verfahrensweg eröffnet wurde, oder ob damit eine eigenständige Möglichkeit zum Beweisantritt geschaffen wurde. Diese Frage ist bedeutsam, weil je nach Antwort die Voraussetzungen für den Beweisantritt erheblich voneinander abweichen.

Wäre lediglich ein zweiter Verfahrensweg eingeführt worden, müssten für die Edition nach § 428 Var. 2 ZPO sowohl die Voraussetzungen des § 142 ZPO als auch die der §§ 422, 429 ZPO vorliegen. Es bedürfte also des Bestehens eines materiell-rechtlichen Vorlageanspruchs[358]. Wäre hingegen eine eigenständige Möglichkeit zur Beweisführung bei Urkunden im Besitz Dritter etabliert worden, so müssten nur die Voraussetzungen des § 142 ZPO vorliegen[359]. Dann wären die Möglichkeiten zur Vorlageverpflichtung Dritter insofern wesentlich erweitert und erleichtert worden, als auf das Bestehen eines selten gegebenen[360] materiell-rechtlichen Editionsgrundes gegen Dritte verzichtet worden wäre.

Bei Betrachtung des Wortlautes des § 428 ZPO mag unter Bezugnahme auf § 430 ZPO i. V. m. § 424 I Nr. 5 ZPO der Schluss nahe liegen, es sei durch § 428 Var. 2 ZPO lediglich ein zweiter Verfahrensweg eröffnet worden[361]. Das Abstellen auf den Wortlaut des § 428 ZPO allein greift jedoch zu kurz. Dieser kann nicht losgelöst von der Formulierung des § 429 S. 2 ZPO betrachtet werden. Nach dieser Vorschrift bleibt nämlich § 142 ZPO unberührt. § 429 S. 2 ZPO ist dabei wiederum im Licht von § 429 S. 1 ZPO zu sehen. Dieser regelt, dass der Dritte aus denselben Gründen wie der Gegner des Beweisführers zur Vorlegung einer Urkunde verpflichtet werden kann. Bei eingehender Würdigung des Zusammenhangs dieser Normen muss daher der Schluss gezogen werden, dass die

356 Leipold, FS Gerhardt, S. 578; Wolf, ZZP 116, 523 (525); Hannich, S. 308.

357 Leipold, FS Gerhardt, S. 578; Hannich, S. 308 f.

358 Zöller/Geimer, § 429 Rn. 1.

359 Leipold, FS Gerhardt, S. 575, 578; Wolf, ZZP 116, 523 (526); Gruber/ Kießling, ZZP 116, 305 (330 f.).

360 Vgl. dazu Wagner, JZ 2007, 706 (709).

361 Leipold, FS-Gerhardt, S. 578 f.

durch § 428 Var. 2 ZPO eingeräumte Möglichkeit des Beweisantritts ohne das Vorliegen der Voraussetzungen der §§ 422, 429 S. 1 ZPO möglich ist[362].

Die Darstellung der divergierenden Ansichten ist deshalb von Bedeutung, weil sich aus ihr eine wichtige Konsequenz für das grundsätzlich durch § 142 ZPO gewährte Ermessen ergibt. Dieses muss sich richtigerweise auf null reduzieren[363], sofern im Wege von § 142 ZPO i. V. m. § 428 Var. 2 ZPO vorgegangen wird. Denn Beweisanträge dürfen wegen des Verbots der vorweggenommenen Beweiswürdigung nur abgelehnt werden, wenn bereits sicher feststeht, dass die Urkunde als Beweismittel völlig ungeeignet sein wird[364]. Steht das nicht fest, was die Regel sein wird, ist dem Antrag daher stets stattzugeben und das richterliche Ermessen entfällt.

10. Urkundenedition durch Behörden oder Beamte, § 432 ZPO

Auch eine Behörde oder ein Beamter kann als Dritter mit einer Editionspflicht belegt werden. Die Behörde oder der Beamte dürfen in diesem Zusammenhang aber nie Gegner sein und sie müssen Dienstbesitz an der Urkunde haben, keinen Privatbesitz[365].

11. Vorlageverpflichtungen gemäß §§ 131 ff. ZPO

Unabhängig von den Vorlageverpflichtungen nach § 142 ZPO oder nach §§ 421 ff. ZPO können andere Umstände zur Vorlage von Urkunden verpflichten. Vorschriften dazu finden sich insbesondere in den §§ 131 ff. ZPO. Die Normen dienen einer vorprozessualen Organisation und Information zwischen den Prozessbeteiligten. Für diese Untersuchung ist vor allem die Vorschrift des § 131 ZPO relevant. Die Norm regelt, dass Urkunden, auf die sich eine Partei in ihrem Schriftsatz bezieht, diesem beizufügen sind, sofern sie sich in ihrem mittelbaren oder unmittelbaren Besitz[366] befinden.

---

362 Leipold, FS Gerhardt, S. 578; Stadler, FS Beys, S. 42; Zöller/ Geimer, § 429 Rn. 1; Musielak/ Voit/ Huber, § 428 Rn. 5; Hannich, S. 308 f.; Saenger, ZZP 121, 139 (150).

363 Wolf, ZZP 116, 523 (526); Leipold, FS Gerhardt, S. 575.

364 Leipold, FS Gerhardt, S. 576; Musielak/ Voit/ Huber, § 428 Rn. 5; Schellhammer, Rn. 536.

365 Musielak/ Voit/ Huber, § 432 Rn. 1 f.; MüKo/ ZPO/ Schreiber, § 432 Rn. 2; Baumbach, § 432 Rn. 2; T/ P/ Reichold, § 432 Rn. 1.

366 Musielak/ Voit/ Stadler, § 131 Rn. 2; Stein/ Jonas/ Leipold, § 131 Rn. 2.

§ 2 Einführung in den US-amerikanischen Zivilprozess – pretrial discovery

Die pretrial discovery stellt das Kernstück des amerikanischen Zivilprozesses dar. Der Begriff kennzeichnet die (fast) ausschließlich in den Händen der Parteien/ Anwälte liegende Ermittlung des entscheidungserheblichen Beweismaterials[367]. Pretrial discovery lässt sich sinngemäß am ehesten mit „vorprozessualer Beweisermittlung" übersetzen[368]. Dieser Begriff scheint jedoch nicht ausreichend, um das gesamte Ausmaß des dem deutschen Zivilprozess unbekannten Rechtsinstruments nachzuvollziehen. Losgelöst von einem juristischen Kontext wird discovery mit Auffindung, Entdeckung, Enthüllung, Ermittlung und Feststellung übersetzt[369]. Die genannten Begriffe bilden, wie sich im Folgenden zeigen wird, die zentralen Aspekte der pretrial discovery im rechtlichen Sinne. Deren Zweck ist es, eine Ausforschung zu ermöglichen[370].

Zeitlich betrachtet gliedert sich die pretrial discovery in zwei Phasen. Den ersten Abschnitt bilden die disclosures. Ihnen folgen die eigentlichen discovery-Mechanismen, nämlich depositions, interrogatories, requests for production of documents and things, admissions und physical/ mental examinations[371]. Bei den disclosures handelt es sich um allgemeine Offenlegungspflichten, die vor Beginn eines jeden Prozesses von beiden Parteien ungefragt, also unabhängig von einem konkreten discovery-Gesuch, erfüllt werden müssen[372].

I. Initial Disclosures, FRCP Rule 26 (a) (1)

Die initial disclosures nach FRCP Rule 26 (a) (1) (A) leiten die disclosure-Phase ein. Die Vorschrift verpflichtet die Parteien zum Beispiel, die Namen und, wenn bekannt, die Adressen aller Personen, die über Informationen verfügen, die der pretrial discovery unterliegen, mitzuteilen, sofern diese Personen im Prozess als Zeugen aufgeführt werden sollen[373]. Solche Personen, die zwar über Informationen verfügen könnten, die aber nicht als Zeuge angeführt werden sollen, müssen

---

367 Böhm, Rn. 388, 492; Schack, Rn. 110; Reitz, ZZP 104, 381 (384); Böhmer, NJW 1990, 3049 (3052), RiW 1982, 872 (874).

368 Schurtman/ Walter, S. 58.

369 Vgl. dazu von Beseler/ Jacobs-Wüstefeld, S. 559.

370 Reitz, ZZP 104, 381 (386).

371 Böhm, Rn. 419; FRCP Rule 30, 33, 34, 35, 36; Schack, Rn. 110; Reitz, ZZP 104, 381 (385 f.).

372 James/ Hazard/ Leubsdorf, S. 303; Böhm, Rn. 392; Friedenthal/ Kane/ Miller, S. 405.

373 FRCP Rule 26 (a) (1) (i) und (ii). Für die weiteren Pflichten siehe iii.

nicht angegeben werden[374]. Außerdem müssen Kopien bestimmter Dokumente, sonstiger beweglicher Sachen und elektronisch gespeicherter Informationen angefertigt werden oder es muss eine Beschreibung über diese erteilt werden, wenn sie sich im Besitz oder in der Kontrolle der Parteien befinden. FRCP Rule 26 (a) (C) regelt den Zeitpunkt der Offenlegungspflichten.

1. Disclosure of Expert Testimony, FRCP Rule 26 (a) (2)

Neben den Verpflichtungen der initial disclosures müssen die Parteien sich untereinander die Identität derjenigen Sachverständigen mitteilen, die sie in der Hauptverhandlung nach den Federal Rules of Evidence (FRE) 702, 703, 705 vernehmen und auf deren Aussagen sie sich berufen möchten. Die Einzelheiten regelt FRCP Rule 26 (a) (2) (i – vi). Den Zeitpunkt dieser Offenlegungspflichten regelt FRCP Rule 26 (a) (2) (C).

2. Pretrial Disclosures, FRCP Rule 26 (a) (3)

Die Parteien müssen vor dem Beginn der Hauptverhandlung, gemäß FRCP Rule 26 (a) (3) (B) in der Regel 30 Tage zuvor, die so genannten exhibit lists und witness lists austauschen. Aus diesen Dokumenten muss sich für das Gericht ergeben, welche Urkunden im Rahmen der Beweisaufnahme in den Prozess eingeführt und welche Zeugen vernommen werden sollen[375].

3. Supplementing Disclosures and Responses, FRCP Rule 26 (e)

Die im Rahmen der disclosure-Phase bestehenden Informationspflichten erlöschen nach deren Abschluss nicht, sondern dauern fort, FRCP Rule 26 (e). Sobald sich also herausstellt, dass Informationen, die im Rahmen der disclosures herausgegeben wurden, nicht (mehr) korrekt oder vollständig sind, müssen die Parteien im Nachgang unaufgefordert ergänzende und berichtigende Angaben dazu machen[376].

---

374 James/ Hazard/ Leubsdorf, S. 304.

375 FRCP Rule 26 (a) (3) (i) und (iii). Nach FRCP Rule 26 (a) (3) (ii) muss auch mitgeteilt werden die Bezeichnung (designation) derjenigen Zeugen, deren Zeugnis durch die deposition erbracht werden soll.

376 James/ Hazard/ Leubsdorf, S. 296, 298, 304.

II. Einzelne Mechanismen der pretrial discovery

Die eigentliche discovery beginnt nach dem Abschluss der disclosures[377]. Die FRCP Rules 30, 31, 33–36 nennen die fünf verschiedenen Instrumente, mittels derer die Parteien die Aufklärung des Sachverhalts betreiben können. Es handelt sich um depositions, interrogatories, requests for production of documents and things, admissions und physical/ mental examinations[378].

1. Depositions, FRCP Rule 30, 31; FRE Rule 601

Die depositions sind das am häufigsten verwendete discovery-Mittel[379]. Sie sind die eidliche Vernehmung im Sinne eines vorprozessualen Verhörs der Parteien und/ oder Zeugen durch die Parteien bzw. deren Rechtanwälte; auch im Kreuzverhör. Die Anwälte leiten die depositions in eigener Initiative und Regie, also ohne das Erfordernis einer gerichtlichen Anordnung, ein[380].

Sie existieren in zwei Formen. FRCP Rule 30 regelt die oral depositions. FRCP Rule 31 nennt die depositions on written questions, auch written depositions genannt. Bei den oral depositions sind beide Parteien sowie deren Vertreter anwesend. Es finden gegenseitige Befragungen statt[381]. Der Befragte, deponent, macht seine Aussage, der Protokollführer des zuständigen Gerichts schreibt diese nieder, vereidigt ihn und lässt ihn die Aussage am Ende unterzeichnen[382]. Bei den depositions on written questions sind die Prozessvertreter nicht anwesend. Stattdessen senden sie im Voraus ihre Fragen an das Gerichtspersonal. Dieses liest dem deponent die Fragen vor, er antwortet mündlich und die Antworten werden wiederum schriftlich fixiert[383]. Das Protokoll der depositions wird im Anschluss dem die deposition betreibenden Rechtsanwalt übersendet. Dieser reicht es später zu den Gerichtsakten[384], FRCP Rule 30 (f).

Die depositions und deren große Bedeutung im Rahmen der pretrial discovery verdeutlichen, wie das heutige Recht aus dem historischen Recht gewachsen ist.

---

377 Böhm, Rn. 391.

378 Böhm, Rn. 419; FRCP Rule 30, 33, 34, 35, 36; Schack, Rn. 110; Reitz, ZZP 104, 381 (385 f.).

379 James/ Hazard/ Leubsdorf, S. 291; Schack, Rn. 116; Wright, S. 566.

380 James/ Hazard/ Leubsdorf, S. 291; Schurtmann/ Walter, S. 60; Kane, S. 131 f.; Schack, Rn. 116 f.; Wright, S. 566; Friedenthal/ Kane/ Miller, S. 409; Reitz, ZZP 104, 381 (384).

381 Friedenthal/ Kane/ Miller, S. 408; James/ Hazard/ Leubsdorf, S. 292.

382 Schurtmann/ Walter, S. 60 f.; Friedenthal/ Kane/ Miller, S. 407; Wright, S. 570, 572.

383 Friedenthal/ Kane/ Miller, S. 412; Kane, S. 133; Wright, S. 574.

384 Schack, Rn. 117.

Denn bei den depositions handelt es sich um ein discovery-Mittel, das bereits im equity-Verfahren Anwendung fand[385]. Eine Modifikation besteht darin, dass depositions im equity-Verfahren nur von den examiners, also am Gericht beschäftigten Personen, vorgenommen wurden. Diese Vorgehensweise entspricht den heutigen depositions on written questions. Heute besteht zusätzlich die Möglichkeit, die depositions durch Rechtsanwälte durchführen zu lassen.

2. *Interrogatories, FRCP Rule 33*

Bei den interrogatories, die fast ebenso häufig eingesetzt werden wie die depositions[386], handelt es sich um den Austausch einer Reihe von Fragen zwischen den Parteien, die schriftlich und unter Eid innerhalb eines bestimmten Zeitraums beantwortet werden müssen[387]. Auch für die interrogatories ist eine gerichtliche Anordnung nicht erforderlich. Im Gegensatz zu den depositions können sie jedoch nur von den Parteien untereinander, also nicht gegenüber Dritten, als discovery-Mittel eingesetzt werden[388]. Die interrogatories sind in ihrer Anzahl auf 25 begrenzt, solange das Gericht nicht ausdrücklich mehr zulässt[389].

Bei der Beantwortung der einzelnen Fragen trifft die Parteien im Gegensatz zu den depositions eine erhöhte Aufklärungspflicht, duty to investigate. Sie bedeutet, die Parteien dürfen sich nicht ausschließlich auf ihr eigenes Wissen verlassen, sondern müssen gegebenenfalls auch den Kenntnisstand von anderen Personen in Erfahrung bringen und berücksichtigen, den sie sich verschaffen können. Es ist zum Beispiel erforderlich, Rücksprache mit dem eigenen Anwalt, etwaigen Angestellten und allen anderen Personen, die zur Beantwortung der Fragen etwas Sinnvolles beisteuern könnten, zu halten. Dennoch ist auch die duty to investigate nicht grenzenlos. Die Parteien müssen nämlich nicht solche Informationen beschaffen, die außerhalb ihrer Kontrollmöglichkeiten liegen. Das gilt insbesondere, wenn die befragte Partei zu diesen Informationen keinen leichteren Zugang hat als die befragende[390]. Außerdem müssen nach FRCP Rule 33 (a) (2) auch Meinungen und Streitbehauptungen kund getan werden[391].

---

385 Sward, 51 K. L. Rev. 347 (376); Millar, S. 25 f.; Blackstone, vol 4. Rn. 438, 449, 378.
386 James/ Hazard/ Leubsdorf, S. 295.
387 Friedenthal/ Kane/ Miller, S. 413; James/ Hazard/ Leubsdorf, S. 295; Böhm, Rn. 424; Kane, S. 134.
388 Friedenthal/ Kane/ Miller, S. 413; Böhm, Rn. 423; FRCP Rule 33 (b) (1); Kane, S. 134.
389 James/ Hazard/ Leubsdorf, S. 295; FRCP Rule 33 (a) (1); Schack, Rn. 118.
390 James/ Hazard/ Leubsdorf, S. 296; Kane, S. 134 f.
391 Friedenthal/ Kane/ Miller, S. 414 Fn. 13; FRCP Rule 33 (a) (2).

3. *Production of Documents and Things, FRCP Rule 34*

FRCP Rule 34 regelt die Vorlage von Dokumenten und anderen Gegenständen im Rahmen der pretrial discovery. In welchem Umfang eine Vorlage geltend gemacht werden kann, hängt davon ab, ob sich ein entsprechendes Gesuch gegen die Parteien oder gegen Dritte richtet[392]. Ebenso wie für die depositions und die interrogatories bedarf es für die Gesuche nach FRCP Rule 34 keiner gerichtlichen Anordnung[393].

a) Vorlagepflichten der Parteien

aa) Vorlegungspflichtige Gegenstände, FRCP Rule 34 (a) (1) (A) (B)

FRCP Rule 34 (a) (1) (A) und (B) legen fest, welche Dokumente, Gegenstände und anderen Objekte der Vorlagepflicht zuzuordnen sind. Dazu zählen neben Urkunden auch elektronisch gespeicherte Informationen, Zeichnungen, Graphiken, Photographien, Bilder, Tonaufnahmen und dergleichen, unabhängig in welcher Form sie gespeichert sind.

bb) Umfang der Untersuchungsmöglichkeiten durch die Gegenpartei, FRCP Rule 34 (a) (1)

Der Vorlegungsanspruch umfasst seinem Umfang nach sowohl die Offenlegung von den genannten Gegenständen als auch die Erlaubnis, diese zu kopieren, zu untersuchen, zu testen, zu vermessen oder Proben zu entnehmen[394].

cc) Spezifikationsanforderungen an das Vorlageersuchen

Im Rahmen einer Vorlageverpflichtung nach FRCP Rule 34 können einerseits solche Dokumente ermittelt werden, von denen die ersuchende Partei bereits Kenntnis hat oder von deren Existenz sie zumindest mit einiger Wahrscheinlichkeit ausgeht. Andererseits kann sie aber auch die Offenlegung solcher Dokumente verlangen, von der sie keine Kenntnis hat. Damit sind zum Beispiel gemeint die internen Aktenvorgänge und Aktenvermerke des Gegners, die interne Kommunikation, Ermittlungen zum Sachverhalt sowie die Kommunikation

---

392 Friedenthal/ Kane/ Miller, S. 419 f.

393 Friedenthal/ Kane/ Miller, S. 420; James/ Hazard/ Leubsdorf, S. 297; Kane, S. 136; Wright, S. 585.

394 James/ Hazard/ Leubsdorf, S. 297; Friedenthal/ Kane/ Miller, S. 420; Schurtmann/ Walter, S. 66; Kane, S. 136; Wright, S. 584.

mit Dritten[395], sofern es sich nicht um privilegierte und damit geheimhaltungsberechtigte Informationen handelt.

Die ersuchende Partei kann dennoch nicht völlig wahllos die Vorlage von Dokumenten verlangen. Sie muss vielmehr eine Beschreibung der begehrten Dokumente und sonstigen Gegenstände abgeben. Sie muss diejenigen Dokumente, von denen sie Kenntnis hat, mit ausreichender Genauigkeit (reasonable particularity) beschreiben und angeben, zu welcher Zeit, an welchem Ort und auf welche Art und Weise die Inaugenscheinnahme erfolgen soll[396]. Wann eine Sache ausreichend genau beschrieben wurde, ist eine Wertungsfrage. Sicherlich ist das Kriterium erfüllt, wenn die Beschreibung des Dokuments oder der sonstigen Gegenstände so präzise ist, dass ein durchschnittlich intelligenter Mensch daraus entnehmen kann, welche Dokumente offengelegt werden sollen[397]. Teilweise reicht die Angabe einer kategorisierenden Beschreibung, solange die Kategorie an sich hinreichend bezeichnet (reasonably designated) ist[398]. Eine solche Beschreibung wird wohl in denjenigen Fällen erfolgen müssen, in denen Dokumente, von denen die Partei bisher keine (hinreichende) Kenntnis hat, gesichtet werden sollen. Sofern die Partei nicht über die für die Beschreibung erforderlichen Informationen verfügt, muss sie sich diese zuerst mittels Durchführung von depositions oder interrogatories beschaffen[399].

Die Rechtsprechung sah eine hinreichende Bezeichnung unter anderem in den nachstehend skizzierten Entscheidungen als gegeben/ nicht gegeben an:

- In dem Verfahren *Mailhoit v. Home Depot U.S.A., Inc.*[400] verklagte eine ehemalige Angestellte ihren Arbeitgeber. Streitgegenstand in dem Verfahren war die psychische Gesundheit der Klägerin. Der frühere Arbeitgeber stellte im discovery-Verfahren den Antrag, dass die Klägerin verpflichtet werden müsse, diesbezüglich weitere Auskünfte als bislang zu geben. Sämtliche vom Beklagten begehrten Informationen stammen aus Social Networking Sites (SNS), auf denen die Klägerin Profile unterhielt. Konkret handelt es sich um die folgenden Informationen:
  1. Alle Profile, Posts oder Nachrichten (inklusive Status Updates etc.) von SNS von dem Jahr 2005 bis zur Gegenwart, die Emotionen, Gefühle oder

395 Böhm, Rn. 426; Schurtmann/ Walter, S. 66.
396 James/ Hazard/ Leubsdorf, S. 297; FRCP Rule 34 (b); Wright, S. 585 f.
397 Wright, S. 586 f.; Scuderi v. Boston Ins. Co., 34 F.R.D. 463, 466 (D. Del. 1964).
398 Friedenthal/ Kane/ Miller, S. 421; James/ Hazard/ Leubsdorf, S. 297; Wright, S. 587.
399 James/ Hazard/ Leubsdorf, S. 297 f.
400 Mailhoit v. Home Depot U.S.A., Inc., 285 F.R.D. 566 (2012).

den Seelenzustand der Klägerin enthüllen, diesen bezeichnen oder sich auf diesen beziehen sowie diejenige Kommunikation der Klägerin, die sich auf Ereignisse bezieht, die mit hinreichender Wahrscheinlichkeit den Schluss erlauben, eine bedeutende Emotion, ein bedeutendes Gefühl oder einen bedeutenden Seelenzustand auszulösen.

2. Diejenige Kommunikation, die der Klägerin durch Dritte übermittelt wurde, um die eigene Kommunikation der Klägerin richtig einordnen zu können.
3. Diejenige Kommunikation, die zwischen der Klägerin und den gegenwärtigen und früheren Angestellten des Beklagten ausgetauscht wurde oder diejenige Kommunikation, die sich auf irgendeine Art und Weise auf die Anstellung der Klägerin bei dem Beklagten oder auf den Rechtsstreit bezieht oder die die Anstellung oder den Rechtsstreit betreffen.
4. Die Vorlage aller Bilder der Klägerin, die während des relevanten Zeitraums auf dem SNS-Profil der Klägerin „geposted“ oder „getaggt“ wurden oder solche, die in anderer Art und Weise mit ihrem Profil verlinkt wurden.

Das Gericht lehnte den Antrag des Beklagten in Bezug auf die Informationen der Nummern 1, 2 und 4 ab. Zwar unterliegen Informationen, die aus SNS stammen, grundsätzlich der pretrial discovery nach FRCP Rule 34. Die Pflicht zur Preisgabe der Informationen aus SNS sei jedoch nicht grenzenlos. Im Rahmen der discovery von SNS dürften nur solche Information verlangt werden, die mit hinreichender Berechnung zu der Enthüllung zulässiger Beweismittel führen und die damit den Voraussetzungen der hinreichenden Genauigkeit (reasonable particularity) entsprechen. In Bezug auf die erste Kategorie lehnte das Gericht die hinreichende Genauigkeit ab, weil die Angaben des Beklagten viel zu weit und viel zu unspezifisch waren. Eine vernünftige Person mit durchschnittlicher Begabung hätte aus der Beschreibung des Beklagten nicht ersehen können, welche Informationen benötigt seien. Auch die Vorlagepflicht derjenigen Informationen aus den anderen beiden Kategorien lehnte das Gericht ab, weil die Beschreibung zu vage und unzulässig weit sei. Hinsichtlich des Vorlagegesuchs unter Nummer 3 wurde dem Antrag des Beklagten stattgegeben. Diese Beschreibung sei spezifisch genug und informiere die Klägerin ausreichend darüber, was benötigt werde. Zudem sei die Suche nach der Kommunikation mit den Angestellten sowohl technisch gut durchführbar als auch nicht übermäßig beschwerlich.

- Schon früher hatte in dem Rechtsstreit *United Mercantile Agencies v. Silver Fleet Motor Express, Inc.*[401] der Kläger den Beklagten auf Zahlung einer noch

401 United Mercantile Agencies v. Silver Fleet Motor Express, Inc., 1 F.R.D. 709 (W. D. Ky. 1941).

ausstehenden Summe aus einer vertraglichen Vereinbarung verklagt und in seiner Klage auch den Antrag gestellt, zur Berechnung der noch ausstehenden Summe Bücher und Dokumente von dem Beklagten einzusehen. Der Beklagte und der Kläger hatten einen schriftlichen Vertrag in Form eines Briefes geschlossen. Inhalt des Vertrages war, dass der Kläger dem Beklagten Kontakte zur Optimierung seiner Geschäfte und zur Erhöhung seines Gewinns empfehlen und vermitteln sollte. Die Parteien stritten im Wesentlichen darum, ob der Beklagte verpflichtet war, für alle Empfehlungen des Klägers zu zahlen oder nur für solche, die er mit einem Brief an den Kläger bestätigt hatte. Für einen Teil der Empfehlungen hatte der Beklagte eine schriftliche Bestätigung in Briefform versendet, für einen anderen Teil hingegen nicht. Aus dem Bestätigungsbrief sollte sich für den Kläger ergeben, wie hoch der Gewinn des Beklagten, der aufgrund der Empfehlungen des Klägers erwirtschaftet worden war, war. Auf dieser Grundlage sollte die Vergütung des Klägers berechnet werden. Das Gericht hat entschieden, dass der Beklagte für alle Empfehlungen zu zahlen hatte. Gegen den Antrag auf Einsichtnahme hatte der Beklagte unter anderem eingewendet, dass die vorzulegenden Bücher und Dokumente nicht hinreichend von dem Kläger gekennzeichnet worden seien nach FRCP Rule 34. Das Gericht gab dem Antrag des Klägers auf Einsichtnahme nach FRCP Rule 34 jedoch statt. In seiner Entscheidung legte es dar, dass es für eine hinreichende Kennzeichnung nicht erforderlich ist, eine besondere Sprache zu nutzen oder dass der Name des Buches oder des Dokumentes mit minutiöser Genauigkeit anzugeben ist. Ausreichend ist vielmehr, wenn die Bücher und Dokumente mit einem vernünftigen Maß an Sicherheit aus einer Vielzahl anderer Dokumente und Bücher herausgefiltert werden können. Zwar bezeichnete der Antrag des Klägers nicht die genauen Namen der Bücher und Dokumente, aber aus dem Antrag ging hervor, dass nur Originaldokumente und sonstige Daten vorzulegen waren, aus denen die Arbeitskosten des Beklagten an der Hafenanlage an einem Terminal in Louisville in dem Zeitraum vom 1. Januar 1937 bis zum 1. August 1939 hervorgehen. Da es sich hierbei um einen wesentlichen Streitpunkt in dem Rechtsstreit handelte, musste der Beklagte wissen, aus welchen Büchern/ Dokumenten diese Informationen hervorgingen, so dass er leicht unterscheiden konnte, welche Dokumente vorzulegen waren und welche nicht.

- In dem Fall *Dowd v. American S. S. Co.*[402] hatte der Beklagte sich bei drei von insgesamt fünf discovery-Gesuchen des Klägers auf Vorlage bestimmter

402 Dowd v. American S. S. Co. 5 F.R.D. 240 (W. D. New York 1945).

Dokumente geweigert, diese Unterlagen vorzulegen. Dem Rechtsstreit lag ein tödlicher Unfall auf einem Schiff der Beklagten zugrunde, bei dem der gesetzliche Erbe des Klägers gestorben war. Das erste Gesuch, bei dem die Beklagte die Vorlage verweigerte, bezog sich auf die Vorlage von Berichten und Aussagen, die nach dem gewöhnlichen Arbeitsablauf nach dem Unfall gegenüber dem Arbeitgeber oder dessen Stellvertreter von dem Kapitän des Schiffes oder von dem ersten, zweiten und dritten assistierenden Ingenieur und von dem Beförderer (conveyorman) James Donaldson abgegeben wurden. Das Gericht hat entschieden, dass diese Unterlagen vorzulegen sind. Das Gesuch ist hinreichend bestimmt, da es auf die Vorlage bestimmter Berichte mit namentlich benannten Personen gerichtet ist.

Das zweite von dem Beklagten nicht befolgte Gesuch bezog sich auf die Vorlage von Berichten und Aussagen, die nach dem gewöhnlichen Arbeitsablauf nach dem Unfall gegenüber dem Arbeitgeber oder dessen Stellvertreter von jedem anderen Offizier oder Mannschaftsmitgliedern, die Kenntnis von den Fakten und von den Umständen des Unfalls haben. Für dieses Gesuch fehlte es nach der Ansicht des Gerichts zwar nicht an einer hinreichenden Kennzeichnung, aber das Gericht sah darin eine unzulässige Ausforschung des Beklagten und insbesondere von Zeugen, die in einem Gerichtsverfahren für den Beklagten aussagen sollten.

Das dritte vom dem Beklagten nicht befolgte Gesuch richtete sich auf die Vorlage von Fotographien des Kontrollraum des Schiffes und von Zubehör des Schiffes, die kurz nach dem Unfall in dem gewöhnlichen Arbeitsablauf angefertigt wurden. Der Beklagte wurde auch hier von dem Gericht zur Vorlage verurteilt, da bestimmt ausgedrückt wurde von dem Kläger, was er wollte.

Die Anforderungen, die im historischen equity-Verfahren und im aktuellen Recht nach den FRCP erfüllt werden mussten, um eine Edition zu erreichen, weisen einerseits eine starke Ähnlichkeit auf. Im equity-Verfahren war es zum Beispiel ausreichend, Bezug auf bestimmte Bücher, Papiere etc. zu nehmen, sofern diese einen Zusammenhang mit dem in der bill niedergelegten Begehren aufwiesen[403]. Die FRCP stellen jedoch höhere Anforderungen an die Beschreibung eines zu edierenden Dokumentes. Nach dem equity-Verfahren war es zwar empfehlenswert, eine Beschreibung abzugeben, nicht jedoch zwingend erforderlich[404].

---

403 James, 38 Yale L. J. 746 (747); Ohne Verfasser, 74 Harv. L. Rev. 940 (949 f.); Millar, S. 220; James/ Hazard/ Leubsdorf, S. 138.

404 James, 38 Yale L. J. 746 (747); Ohne Verfasser, 74 Harv. L. Rev. 940 (949 f.); Millar, S. 220; James/ Hazard/ Leubsdorf, S. 138.

dd) Besitzkriterium, FRCP Rule 34 (a) (1)

Ein Gesuch an die Gegenpartei ist grundsätzlich nach FRCP Rule 34 (a) (1) nur möglich, wenn sich die Dokumente und sonstigen Gegenstände im Besitz, im Gewahrsam oder in der Kontrolle der Gegenseite befinden. Auf die Eigentumsverhältnisse kommt es nicht an[405]. Befindet sich die Sache nicht im Besitz, im Gewahrsam oder in der Kontrolle der Gegenseite, ist die Offenlegung nicht zwingend ausgeschlossen. Das Besitzkriterium kann auch erfüllt sein, wenn die ersuchte Partei einen Herausgabeanspruch gegen den Dritten hat[406].

b) Verfahrenstechnischer Ablauf eines Gesuchs nach FRCP Rule 34

Die ersuchte Partei muss gemäß FRCP Rule 34 (b) (2) (A) innerhalb von 30 Tagen schriftlich Stellung nehmen, sofern keine anderen Fristen vereinbart wurden.

Nach FRCP Rule 34 (b) (2) (B) muss die ersuchte Partei hinsichtlich jedes einzelnen Gegenstands oder hinsichtlich jeder Kategorie angeben, ob sie dem Gesuch in der gewünschten Form nachkommt oder nicht. Wird die Vorlage verweigert, müssen die Gründe dafür genannt werden.

Wird gegen einen Teil des Gesuchs oder insgesamt Einspruch dagegen eingelegt, so ist nach FRCP Rule 34 (b) (2) (C) vorzugehen. Das heißt, der Teil, dessen Vorlage verweigert wird, muss genau benannt werden. Hinsichtlich des Rests muss die Gestattung der Offenlegung ausdrücklich erklärt werden. Die ersuchende Partei kann dann nach FRCP Rule 37 (a) vorgehen und die gerichtliche Anordnung zur Durchführung des Gesuchs beantragen[407].

c) Vorlagepflichten Dritter, FRCP Rule 34 (c) i. V. m. FRCP Rule 45

Die FRCP regeln in Rule 34 (c) in Verbindung mit Rule 45 die Vorlageverpflichtungen Dritter[408]. Im Unterschied zu den Editionsverpflichtungen der Parteien muss gegen Dritte eine gerichtliche Anordnung erwirkt werden[409].

---

405 Societe Internationale Pour Participations Industrielles et Commerciales, S. A. v. Rogers, 357 U.S. 197 (1958); Friedenthal/ Kane/ Miller, S. 420; Wright, S. 584 f.; Morales v. Turman, 59 F.R.D. 157 (E.D. Tex. 1972).

406 Böhm, Rn. 429, In Re Bankers Trust Co., 61 F.3d 465, 469 (C.A.6 Ohio 1995).

407 Wright, S. 586.

408 Friedenthal/ Kane/ Miller, S. 419 f.; Kane, S. 137.

409 Böhm, Rn. 431.

aa) Besitzkriterium

Die Gegenstände müssen sich im Besitz des Dritten befinden[410].

bb) Beschreibung der Dokumente und Gegenstände

Um Vorlegungspflichten Dritter auszulösen, muss die ersuchende Partei erhöhten Spezifikationsanforderungen an die Beschreibung der Dokumente und sonstigen Gegenstände nachkommen. Auch hier kann eine kategorisierende Beschreibung ausreichen, zum Beispiel derart, dass die Vorlage bestimmter Berichte über ein bestimmtes Schadensereignis begehrt wird[411].

4. Entry upon land for inspection and other purposes, FRCP Rule 34 (a) (2)

Ebenso wie bei der Vorlage von Dokumenten kann sich auch die inspection of property and land gegen die Gegenpartei oder gegen Dritte richten[412].

Befindet sich die zu besichtigende Sache im Besitz, Gewahrsam oder in der Kontrolle der Parteien, wobei es nicht auf die Eigentumsverhältnisse ankommt[413], bedarf es keiner gerichtlichen Anordnung, um diese besichtigen zu dürfen, FRCP Rule 34 (a) (2). Die Voraussetzungen und der Umfang des Anspruchs entsprechen im Übrigen denen der Vorlage von Dokumenten[414]. Gegen Dritte ist es erforderlich, eine gerichtliche Anordnung zu erwirken[415].

5. Physical and Mental Examinations, FRCP Rule 35

Ein weiteres, wenn auch nur in engen Grenzen zulässiges Mittel zur Aufklärung des Sachverhalts besteht in der Möglichkeit, den körperlichen oder geistigen Zustand einer Prozesspartei[416] untersuchen zu lassen, sofern dieser unmittelbarer

---

410 Böhm, Rn. 431.

411 James/ Hazard/ Leubsdorf, S. 297; Friedenthal/ Kane/ Miller, S. 421.

412 Friedenthal/ Kane/ Miller, S. 419 f.

413 Friedenthal/ Kane/ Miller, S. 420; Societe Internationale v. Rogers, 357 U.S. 197 (1958); Kane, S. 136 f.

414 Vgl. dazu Friedenthal/ Kane/ Miller, S. 420.

415 Böhm, Rn. 431.

416 Dritte dürfen im Rahmen der FRCP Rule 35 grundsätzlich nicht untersucht werden, so Wright, S. 589; es sei denn, es handelt sich zum Beispiel um Angestellte der Prozesspartei; vgl. James/ Hazard/ Leubsdorf, S. 300. Diese Ansicht wurde jedoch entgegen des Wortlauts der Rule ausgedehnt von der Rechtsprechung einiger Bundesstaaten. So wird es nun teilweise als möglich erachtet, auch Dritte einer solchen Untersuchung zuzuführen; vgl. Fridenthal/ Kane/ Miller, S. 423.

Streitpunkt ist. Das ist insbesondere der Fall bei Abstammungsstreitigkeiten und bei Schadensersatzklagen wegen behaupteter psychischer oder physischer Schäden. Das Gericht muss eine Untersuchung mittels eines Beschlusses anordnen. Die Anordnung ergeht nur dann, wenn der Antragssteller stichhaltige Gründe für die absolute Notwendigkeit der Untersuchung vorträgt[417]. Sie ist also ultima ratio.

6. *Request for Admissions, FRCP Rule 36*

Bei den admissions handelt es sich um von den Parteien abzugebende schriftliche Geständnisse in Bezug auf einzelne Tatsachen, FRCP Rule 36 (a). Sie sollen bestimmte verfahrenswesentliche Tatsachen unstreitig stellen. Denn ist ein solches Geständnis ergangen, sind die spezifischen Tatsachen bindend gemäß FRCP Rule 36 (b) und können fortan nur noch unter eingeschränkten Voraussetzungen widerrufen werden[418]. Einer gerichtlichen Anordnung bedarf es nicht. Sie können jederzeit von den Parteien initiiert werden[419]. Admissions werden besonders oft im Zusammenhang mit der Authentizitätsbestätigung von Urkunden vorgenommen, um für die Beweisaufnahme Streitfragen über deren Echtheit von Vornherein auszuschließen[420]. Gemäß FRCP Rule 36 (a) (3) kann es dazu kommen, dass wegen nicht fristgerechter Stellungnahme Tatsachen als zugestanden gelten. Eine solche Konstellation liegt nach FRCP Rule 36 (a) (3) vor, wenn diejenige Partei, an die das discovery Gesuch gerichtet war, nicht innerhalb von 30 Tagen nach der Zustellung des Gesuchs eine schriftliche Antwort verfasst oder Einspruch gegen das Gesuch einlegt und diesen in der Sache begründet und die Schreiben von der Partei oder deren Anwalt unterschrieben wurden. Diese Möglichkeit greift jedoch nicht bei unverschuldeter Versäumnis der befragten Partei[421].

III. Begrenzung der pretrial discovery

Grundsätzlich ist die Erkundung des Sachverhalts durch die Gegenseite unabhängig von der Verteilung der Darlegungs- und Beweislast das Hauptziel

417 Böhm, Rn. 452; James/ Hazard/ Leubsdorf, S. 299 f.; Friedenthal/ Kane/ Miller, S. 424; Kane, S. 137 f.; Wright, S. 588.

418 Böhm, Rn. 432, 434; Friedenthal/ Kane/ Miller, S. 416, 418, FRCP Rule 36 (b); Kane, S. 139; Wright, S. 593.

419 James/ Hazard/ Leubsdorf, S. 302.

420 Böhm, Rn. 436; Friedenthal/ Kane/ Miller, S. 416; FRCP Rule 36 (a); James/ Hazard/ Leubsdorf, S. 302.

421 Friedenthal/ Kane/ Miller, S. 416; Kane, S. 139.

der pretrial discovery[422]. Dies hat sich gezeigt in der Darstellung der einzelnen discovery-Mechanismen, die sehr weit reichen können. Dennoch ist die pretrial discovery nicht schrankenlos. Sie wird begrenzt durch das Relevanzkriterium, die privileges sowie die sonstigen Rechte, mit denen eine Weigerung begründet werden kann[423].

1. Relevanzkriterium, FRCP Rule 26 (b) (1)

Das Relevanzkriterium besagt, dass die discovery auf alle diejenigen Informationen, die nicht von privileges geschützt sind, erstreckt werden kann, solange die Informationen relevant sind für die Geltendmachung der Ansprüche der Parteien oder für deren Einwände gegen diese[424]. Welche Informationen relevant sind und welche nicht, ist anders zu beurteilen als die Erheblichkeit eines Beweismittels. Denn die pretrial discovery arbeitet den eigentlich streitigen Sachverhalt erst heraus. Das heißt, das Relevanzkriterium der discovery muss notwendigerweise weiter gefasst sein als das der Erheblichkeit von Beweismitteln[425]. Es kommt nicht darauf an, ob die Information in der Hauptverhandlung als Beweismittel zugelassen werden kann[426]. Im Ergebnis gilt eine Information als relevant, wenn sie unmittelbar erforderlich zur Klärung einer Streitfrage ist, oder aber wenn sie der Auffindung anderer Informationen dient, die ihrerseits geeignet sind, solche unmittelbaren Tatsachen und Beweismittel zu eruieren[427]. Bis zu den Änderungen der FRCP im Jahre 2000 war das Relevanzkriterium noch weiter gefasst, so wie es in vielen bundesstaatlichen zivilprozessualen Regeln noch immer der Fall ist. Die Relevanz war/ ist danach bereits gegeben in Bezug auf alle Umstände, die Bedeutung für den Streitstoff des Verfahrens insgesamt erlangen könnten, relevant to the subject matter[428]. Auch heute kann nach FRCP Rule 26 (b) teilweise

422 Böhm, Rn. 406; James/ Hazard/ Leubsdorf, S. 306.

423 Reitz, ZZP 104, 381 (386).

424 In FRCP Rule 26 (b) heißt es: „… any nonprivileged matter that is relevant to any party's claim or defense…"

425 Kersting, S. 142 mit Verweis auf Federal Rules of Civil Procedure 26 Advisory Committee's Note (amendment 1970); Wright, S. 548.

426 James/ Hazard/ Leubsdorf, S. 306; Wright, S. 548.

427 Schaap v. Executive Indus., Inc., 130 F.R.D. 384, 386 (N.D. Ill. 1990); Mellon v. Cooper-Jarret, Inc., 424 F.2d 499 (C.A. Ohio 1970); Böhm, Rn. 406; Friedenthal/ Kane/ Miller, S. 389.

428 Böhm, Rn. 405; vgl. zum Beispiel California Code of Civil Procedure § 2017; Friedenthal/ Kane/ Miller, S. 389; James/ Hazard/ Leubsdorf, S. 306.

noch auf das subject matter abgestellt werden. Das ist aber die Ausnahme und die Einholung einer gerichtlichen Anordnung ist dazu erforderlich[429].

Die Rechtsprechung sieht das Relevanzkriterium im Sinne der neugefassten FRCP zum Beispiel in den folgenden Fällen als erfüllt an:

- In dem Rechtsstreit *Behler v. Hanlon*[430] hatte der Beklagte beantragt, das discovery-Gesuch des Klägers abzulehnen. Das Gericht hat diesen Antrag abgelehnt. Der Beklagte war Arzt und erstellte als Gutachter (expert witness) sowohl für verschiedene Versicherungsgesellschaften als auch für Rechtsanwälte, die in Schadensersatzfällen mit Personenschaden (personal injury cases) tätig sind, gesundheitliche Gutachten nach FRCP Rule 35. Der Kläger wollte gegen den Beklagten den Einwand der Befangenheit geltend machen. Der Beklagte habe seine Gutachten nicht unabhängig und unvoreingenommen erstellt, weil zwischen ihm und den Versicherungsgesellschaften bedeutende finanzielle Verbindungen bestehen. Der Kläger hatte vom Beklagten verlangt, dass er ihm alle Informationen vorlegt, die seine gesamten Einkünfte der letzten fünf Jahre betreffen, dass er die exakte Summ beziffere, wie viel seines Einkommens aus der Erstellung von Gutachten nach FRCP Rule 35 resultiere, dass er Unterlagen darüber vorlege, wie viele Stunden er für die Ausübung seiner Gutachtertätigkeit benötigt, dass er Kopien seiner Steuererklärung, eine Übersicht über alle Versicherungsgesellschaften, mit denen er zusammenarbeitet hat, eine Übersicht über alle Verfahren, in denen er als Gutachter tätig war, vorlegt.
  Das Gericht hat in dem Verfahren herausgestellt, dass solche Informationen im Rahmen der pretrial discovery erhoben werden können, die darauf hindeuten, dass ein Gutachter bei der Erstellung der Gutachten befangen und damit parteiisch gewesen sein könnte und die der Kläger braucht, um den Einwand der fehlenden Glaubwürdigkeit erheben zu können. Das Gericht hat in der vorliegenden Entscheidung jedoch sowohl die Art und Weise der discovery vorgegeben als auch diese auf bestimmte Informationen beschränkt. Nach Ansicht des Gerichts seien nicht alle vom Kläger begehrten Informationen „relevant to the claims and defenses". Der Kläger habe mehr verlangt, als er für den Nachweis der Befangenheit brauche. Das Gericht hat angeordnet, dass die Informationen, die der Kläger benötigt, durch eine deposition im Rahmen einer Telefonkonferenz übermittelt werden. Dem Beklagten wurde aufgegeben, für diese

429 FRCP Rule 26 (b) sagt dazu: … „For good cause, the court may order discovery of any matter relevant to the subject matter involved in the action."…

430 Behler v. Hanlon, 199 F.R.D. 553 (D. Maryland 2001).

Konferenz alle diejenigen Unterlagen bereit zu halten, die es ihm ermöglichen, Auskunft über die folgenden Sachen zu geben: Den prozentualen Anteil seines Bruttoeinkommens, der auf der Ausübung seiner gutachterlichen Tätigkeit für Versicherungsgesellschaften oder Anwälte in personal injury cases in den letzten fünf Jahren beruht, eine Liste aller Fälle der letzten fünf Jahre, in denen er als Gutachter tätig war (aus dieser Liste müsse für den Kläger ersichtlich werden, wie er die Gerichtsakte auffinden könne und es müssten mindestens die Namen, die Adressen und die Telefonnummern der Anwälte oder der Angestellten der Versicherung genannt werden, die den Beklagten engagiert haben) und zusätzlich die Namen aller Versicherungsgesellschaften, für die der Beklagte in den letzten zehn Jahren gearbeitet hat. Nur für den Fall, dass der Kläger durch die deposition nicht die gewünschten Informationen erhält, die er benötigt, um die Glaubwürdigkeit des Gutachters wegen Befangenheit beweisen zu können, könne das discovery-Gesuch erweitert werden. Zum Schutz des Beklagten erließ das Gericht einen Beschluss. Es ordnete darin an, dass die durch die discovery gewonnenen Informationen nicht verbreitet oder kopiert werden dürften, sofern dies nicht unmittelbar für den Fall relevant sei. Zudem hat das Gericht in *Behler v. Hanlon* betont, dass es für die Beurteilung, ob die Informationen für die Klage relevant seien, nicht darauf ankomme, ob diese Beurteilung sich auf die alte Fassung der FRCP oder die neue Fassung nach dem Jahr 2000 bezog.

- Dem Verfahren *Rogers v. United States Navy*[431] lag ebenfalls ein discovery-Gesuch zugrunde, mithilfe dessen der Kläger finanzielle Informationen von dem beklagten Gutachter erhalten wollte. Der Kläger machte in dem Verfahren Schadensersatz wegen eines Unfalls geltend, bei dem er sich Rücken- und Ellenbogenverletzungen zugezogen habe. Der Kläger war befristet bei der United States Navy angestellt. Er behauptete, er sei bei der Durchführung einer Verkehrskontrolle ungerechtfertigt von einem Navy Shore Patrol Officer angegriffen worden. Der Kläger wurde aufgrund dessen von dem Beklagten, einem Gutachter der Regierung, der auch für die Marine tätig war, untersucht, um festzustellen, welche Verletzungen vorlagen, wie diese verursacht wurden und welche Art der Behandlung notwendig sei. Der Anwalt des Klägers wollte durch die pretrial discovery den Nachweis der Befangenheit des Gutachters erbringen. Konkret wollte er wissen, welche exakt bezifferte Geldsumme der Gutachter für seine forensische Tätigkeit insgesamt von der Regierung erhalte. Der Beklagte war lediglich bereit anzugeben, wie viel er für den konkreten

431 Rogers v. United States Navy, 223 F.R.D. 533 (SD. Cal. 2004).

Fall erhalten habe und eine Schätzung darüber abzugeben, wie hoch der prozentuale Anteil seiner forensischen Arbeit im Vergleich zu seiner klinischen Tätigkeit sei, sowie eine Schätzung darüber, wie hoch der prozentuale Anteil seines Einkommens sei, der aus der Gutachtertätigkeit resultiert, sowie eine Schätzung darüber, wie viel er für Kläger als Gutachter tätig ist, sowie die Anzahl der forensischen Auswertungen, die er in einer Woche durchführt und die Angabe des Stundenlohns, den er dafür erhält. Auf den Einwand des Beklagten hin hat das Gericht entschieden, dass die Informationen, die der Beklagte mitzuteilen bereit war, für den Kläger ausreichten, um den Nachweis der Befangenheit führen zu können.

- Dem Rechtsstreit *St. Joseph Hospital v. INA Underwriters Insurance Company*[432] lag ein Antrag des Klägers zugrunde, mit dem die Beklagte dazu verurteilt werden sollte, dem Kläger bestimmte Dokumente vorzulegen. Der Kläger ist ein Versicherungsnehmer der beklagten Versicherung. Der Kläger hatte seine Versicherung verklagt, weil diese ihm eine adäquate Rechtsverteidigung wegen eines ärztlichen Kunstfehlers in seinem Verantwortungsbereich verweigert hatte. Gleichzeitig hatte der Kläger Schadensersatz gegen die Beklagte geltend gemacht. Die Versicherungspolice des Klägers war weder auf klägerischer noch auf Seiten der Beklagten auffindbar.

  Die Beklagte hatte sich in Bezug auf insgesamt vier Vorlagegesuche des Klägers geweigert, die von dem Kläger bezeichneten Dokumente vorzulegen.

  Erstens waren Kopien von Versicherungspolicen der Beklagten für den Fall ärztlicher Kunstfehler für den Zeitraum von 1980 bis zur Gegenwart betroffen. Der Antrag auf Vorlage war gestellt worden, weil weder der Kläger noch die Beklagte die Versicherungspolice des Klägers finden konnten. Die Beklagte hatte nur eine exemplarische Police vorgelegt wie sie in der für den Fall relevanten Zeitspanne verwendet worden sei. Das Gericht entschied, dass das Vorlageverlangen des Klägers gerechtfertigt ist und deswegen alle angeforderten Kopien von allen etwaig verwendeten Versicherungspolicen vorgelegt werden müssen.

  Zweitens hatte die Beklagte sich geweigert, die Kopien von Bilanzen der Beklagten für den Zeitraum von 1985 bis zur Gegenwart vorzulegen. Drittens bezog sich die Verweigerung der Vorlage auch auf solche Dokumente, die zwischen der Beklagten und staatlichen sowie lokalen Behörden ausgetauscht wurden und die Aufschluss über das Einkommen der Beklagten von 1984 bis

432 St. Joseph Hospital v. INA Underwriters Insurance Company, 117 F.R.D. 24 (D. Me. 1987).

zur Gegenwart geben konnten. Das Gericht entschied, dass die Dokumente relevant und damit vorlagepflichtig waren, weil der Kläger in seiner Klage auch Schadensersatz geltend machte und dieser von den finanziellen Verhältnissen der Beklagten abhängt. Das Gericht entschied zudem, dass es dafür, ob eine Sache der discovery unterliegt oder nicht, nicht darauf ankommt, ob die Informationen in einer Hauptverhandlung als Beweismittel zugelassen werden können. Allein das, was zur Auffindung von relevanten Beweismitteln dient, unterliegt der pretrial discovery.
Die Beklagte musste auch diejenigen Dokumente vorlegen, die sich auf die Schließung der Niederlassung der Beklagten in Portland, Maine bezogen.
Der Kläger hatte der Beklagten eine Kopie einer Anklageschrift und eine Vorladung in deren Niederlassung nach Portland übersendet. Der Kläger war zuvor von einem Patienten verklagt worden. Diese Unterlagen wurden in der Niederlassung in Portland verlegt und nicht bearbeitet. Diesen Fehler hatte die Beklagte erst nach mehreren Monaten entdeckt. Zu diesem Zeitpunkt war die Niederlassung in Portland aber bereits geschlossen worden. Das Gericht entschied, dass die Unterlagen über die Schließung der Niederlassung in Portland vorgelegt werden müssen, weil sie dem Beweis dienen könnten, dass dem Beklagten gegenüber der Vorwurf der Fahrlässigkeit im Umgang mit der übersendeten Anklageschrift und Vorladung gerechtfertigt sei.

2. *Schutz der Geheimhaltungsinteressen der Parteien*

Unabhängig von dem Relevanzkriterium schützen insbesondere die privileges und die sonstigen Weigerungsrechte die Geheimhaltungsinteressen der Parteien und Dritter. Während die privileges absolute Geltung haben, greifen die anderen Weigerungsrechtrechte nur, wenn eine Abwägung ergeben hat, dass die Geheimhaltungsinteressen höher einzustufen sind als die Offenlegungsinteressen[433].

a) *Privileges*

Gemäß FRCP Rule 26 (b) (3) steht die Ausübung der discovery-Mechanismen unter dem Vorbehalt, dass es sich bei den begehrten Informationen nicht um solche handelt, die durch privileges geschützt sind. Die privileges sind Aussageverweigerungsrechte mit absolutem Charakter[434]. Sie sind nur vereinzelt kodifiziert worden. Sie erhalten Einzug in die FRCP über die Vorschrift FRE 501 Federal Rules of Evidence. Diese Norm rekurriert auf die Verfassung der Vereinigten

433 Friedenthal/ Kane/ Miller, S. 395 f.
434 Friedenthal/ Kane/ Miller, S. 395 f.

Staaten, auf Bundesgesetze und auf die Grundsätze des common law, wo sich solche Rechte finden[435].

b) Verfassungsrechtliche und einfachgesetzliche Aussageverweigerungsrechte

Zu den wichtigsten privileges zählen insbesondere die Verhältnisse zwischen Rechtsanwalt und Mandant, Arzt/ Psychotherapeut und Patienten, Geistlichen und Beichtpersonen, Ehegatten und auch das Recht, sich nicht selbst belasten zu müssen[436].

c) Geheimhaltungsrechte

Darüber hinaus schützen die privileges das Diplomaten-, Militär-, das Amtsgeheimnis und das Recht von Journalisten, ihre Quellen nicht offenlegen zu müssen. Verfassungsrang haben auch das Recht auf Schutz der höchstpersönlichen Lebensführung sowie in einigen Bundesstaaten auch der Schutz von Betriebsgeheimnissen[437]. Es ist jedoch zu berücksichtigen, dass die Regeln der bundesstaatlichen Verfassungen von den Bundesgerichten nicht beachtet werden müssen. Dies ist nur dann anders, wenn ein Bundesgericht die Verfassungsmäßigkeit staatlichen Handelns auf der Ebene eines Bundesstaats zu prüfen hat[438].

d) Work product-rule – Hickman v. Taylor

Das wichtigste Recht, eine Offenlegung unabhängig von dem Bestehen eines privileges zu verweigern, ist die work product-rule bzw. jetzt die trial preparation-rule[439]. Der Supreme Court entwickelte erstere 1947 in dem berühmt gewordenen Rechtsstreit *Hickman v. Taylor*[440]. Heute kodifiziert FRCP Rule 26 (b) (3) die dort gefundene Doktrin[441].

Die in dem Verfahren *Hickman v. Taylor* entwickelte Regel stellte erstmalig eine Begrenzung für die weit reichenden discovery-Mechanismen auf. Nach ihr muss eine Partei solche Informationen nicht offenlegen, die ihr Anwalt und diejenigen

---

435 Friedenthal/ Kane/ Miller, S. 393; Böhm, Rn. 457.

436 Böhm, Rn. 457, 459; Friedenthal/ Kane/ Miller, S. 393 f.; James/ Hazard/ Leubsdorf, S. 309; Schurtman/ Walter, S. 58 ff.

437 Böhm, Rn. 453–456.

438 Böhm, Rn. 181.

439 Friedenthal/ Kane/ Miller, S. 395; James/ Hazard/ Leubsdorf, S. 314.

440 Hickman v. Taylor, 329 U.S. 495 (1947).

441 Friedenthal/ Kane/ Miller, S. 395; Böhm, Rn. 461; James/ Hazard/ Leubsdorf, S. 316; Kane, S. 146.

Personen, mit denen er zusammenarbeitet[442], in Vorbereitung auf den Rechtsstreit zusammen getragen haben[443]. Dazu zählen alle Notizen, Arbeitspapiere, Termine oder ähnliches Material, das der Anwalt gesammelt hat, insbesondere auch seine Gedanken zum Fall, seine (rechtlichen) Schlussfolgerungen, Meinungen oder Theorien[444]. Ihrem direkten Wortlaut nach galt die work product-rule zunächst unmittelbar nur für Dokumente und bewegliche Sachen. Ihrem Sinn und Zweck nach wird sie heute analog auf alle anderen irgendwie verkörperten Informationen/ Informationsträger angewendet[445]. Die work product-rule gewährleistet keinen absoluten Schutz vor discovery-Ersuchen. Sie kann durchbrochen werden, FRCP Rule 26 (b) (3) (i) und (ii).

e) Sonderregelung für Sachverständige, FRCP Rule 26 (b) (4)

FRCP Rule 26 (b) (4) bestimmt, dass nur bestimmte Sachverständige mit discovery-Ersuchen belangt werden können. Es ist zwischen den consulting experts (experts employed only for trial preparation, FRCP Rule 26 (b) (4) (B)) und den testifying experts (experts who may testify, FRCP Rule 26 (b) (4) (A)) zu differenzieren. Die consulting experts sind diejenigen Sachverständigen, derer sich die Partei nur in Vorbereitung auf die Hauptverhandlung bedient hat. Hingegen sind die testifying experts solche, derer sich die Parteien für die Hauptverhandlung bedienen werden[446]. Im Rahmen der pretrial discovery dürfen mittels einer deposition nur die testifying experts befragt werden[447]. Ein consulting expert darf nur ausnahmsweise im Wege von interrogatories oder einer deposition befragt werden. Ein solcher Fall liegt vor, wenn die ersuchende Partei ein überwiegendes Interesse darlegen kann und es ihr gleichzeitig nur sehr schwer möglich sein wird, Antwort auf die Fragen, die diesem expert gestellt werden sollen, auf andere Weise zu erlangen[448].

f) Gerichtliche Anordnungen zur Beschränkung, FRCP Rule 26 (c)

Im Übrigen kann das Gericht in besonderen Einzelfällen die pretrial discovery mittels ausdrücklicher Anordnung beschränken, deren genauen Inhalt es nach freiem Ermessen bestimmen kann. Eine solche Anordnung wird jedoch nur

442 Friedenthal/ Kane/ Miller, S. 397.
443 Friedenthal/ Kane/ Miller, S. 395; James/ Hazard/ Leubsdorf, S. 315.
444 Friedenthal/ Kane/ Miller, S. 396 Fn. 10; Kane, S. 145.
445 Friedenthal/ Kane/ Miller, S. 396 f.
446 Vgl. dazu Böhm, Rn. 465.
447 Böhm, Rn. 465.
448 Böhm, Rn. 466.

ergehen, wenn sie unbedingt erforderlich ist zur Abwendung erheblicher Nachteile oder falls die pretrial discovery missbraucht werden sollte und die Parteien es zuvor erfolglos versucht haben, sich vor Gericht zu einigen. Eine Begrenzung danach kommt zum Beispiel in Betracht, wenn die Kosten einer discovery-Maßnahme außer Verhältnis zu den zu erlangenden Informationen stünden[449].

3. *Geheimhaltungsinteressen Dritter*

Sofern sich Dritte auf das Bestehen von privileges berufen, ist FRCP Rule 45 (d) (2) (A) zu beachten. Danach muss sich der Dritte ausdrücklich darauf berufen, dass es sich um privilegierte Informationen handelt. Darüber hinaus muss die Art der zurückgehaltenen Informationen so beschrieben werden, dass zwar die Informationen selber nicht preis gegeben werden, dass es den Parteien aber dennoch möglich ist, ihren Anspruch zu realisieren.

IV. Durchsetzung der discovery-Mechanismen

1. *Durchsetzung gegen die Parteien*

Weigert sich eine Partei unberechtigterweise, bestimmte Informationen zu offenbaren, kann der Gegner die zwangsweise Durchsetzung eines discovery-Gesuchs anstreben. Das Gericht prüft in einer solchen Konstellation die von der sich weigernden Partei vorgetragenen Einsprüche. Erachtet es diese nicht für ausreichend, um das Gesuch zu verweigern, ordnet es dessen zwangsweise Durchführung an[450].

2. *Durchsetzung gegen Dritte*

Da Dritte mangels Parteistellung nicht von sich aus zur pretrial discovery verpflichtet sind, können nach den FRCP die gegen Dritte gerichteten discovery-Gesuche mit einer subpoena versehen werden, FRCP Rule 30 (b), 45 (a) (1), (c) (2). Bei der subpoena handelt es sich um eine gerichtliche Anordnung (judicial command) an den Dritten, dem discovery Gesuch zu entsprechen, also beispielweise Dokumente oder andere Gegenstände vorzulegen. Voraussetzung der subpoena ist, dass es sich um einen Dritten handelt, der Dokumente oder andere Gegenstände in seinem Besitz hat, die die Prozessparteien benötigen. Die subpoena ist von einem Anwalt auszustellen und muss den Namen des zuständigen Gerichts und den Titel des Falles angeben. Außerdem muss aus ihr hervorgehen, zu welcher Zeit und an

---

449 Friedenthal/ Kane/ Miller, S. 422; Linder v. Calero-Portocarrero, 180 F.R.D. 168 (D.D.C. 1998); James/ Hazard/ Leubsdorf, S. 307; Wright, S. 561; Reitz, ZZP 104, 381 (391).

450 James/ Hazard/ Leubsdorf, S. 297.

welchem Ort die Dokumente oder anderen Gegenstände vorzulegen sind beziehungsweise wo der Zeugenbeweis anzutreten ist[451]. Wird der subpoena nicht Folge geleistet, kann das als „contempt of court[452]" gewertet werden[453]. Als Folge dessen kann in zivilprozessualen Rechtsstreitigkeiten ein Ordnungsgeld verhängt oder Ordnungshaft angeordnet werden[454]. Weigert sich der Dritte trotz subpoena und damit trotz des anfallenden Bußgeldes, dem discovery Gesuch Folge zu leisten, bleibt keine andere Möglichkeit, als ihn zu verklagen[455], FRCP Rule 34 (c). Nur in einzelnen Bundesstaaten gibt es Möglichkeiten, Dritte ohne Erhebung einer Klage zur Vorlage zu verpflichten[456].

V. Sanktionen gegen Prozessparteien, FRCP Rule 37

Sowohl Verstöße gegen disclosure- als auch gegen discovery-Verpflichtungen können nach FRCP Rule 37 gerichtlich sanktioniert werden[457]. FRCP Rule 37 folgt einer bestimmten Systematik. Grundsätzlich kann das Gericht nur Sanktionen aussprechen, wenn eine gerichtliche Anordnung hinsichtlich einer discovery- oder einer disclosure-Verpflichtung ergangen ist. Von Gesetzes wegen ist eine solche Anordnung heute nur noch bei einer Untersuchung nach FRCP Rule 35 erforderlich und bei der Dokumentenvorlage durch Dritte. Bei den anderen discovery-Maßnahmen ist daher zur Möglichkeit einer Sanktionsverhängung ein Umweg erforderlich. Das bedeutet, erst nachdem die verpflichtete Partei sich der Durchführung des Gesuches verweigert hat, kann die ersuchende Partei bei Gericht beantragen, anzuordnen, dass die Gegenseite zur Kooperation verpflichtet ist. Gestützt auf die Verweigerung dieser gerichtlichen Anordnung können dann die Sanktionen der FRCP Rule 37 (b) eingesetzt werden[458]. Von diesem Erfordernis einer vorherigen gerichtlichen Anordnung

451 James/ Hazard/ Leubsdorf, S. 298.

452 Contempt of Court hat mehrere Übersetzungsmöglichkeiten; die zutreffendste in diesem Zusammenhang ist das Nichtbefolgen gerichtlicher Anordnungen und das (vorsätzliche) Nichterscheinen vor Gericht; vgl. dazu von Beseler/ Jacobs-Wüstefeld, S. 386.

453 James/ Hazard/ Leubsdorf, S. 298 f. FRCP Rule 45 (e).

454 James/ Hazard/ Leubsdorf, S. 330 f.; Reitz, ZZP 104, 381 (386); Friedenthal/ Kane/ Miller, S. 411, 433; Schack, Rn. 128.

455 James/ Hazard/ Leubsdorf, S. 298; Schack, Rn. 128.

456 James/ Hazard/ Leubsdorf, S. 298.

457 Böhm, Rn. 402, 417; James/ Hazard/ Leubsdorf, S. 290.

458 Wright, S. 596; Friedenthal/ Kane/ Miller, S. 432.

gibt es drei Ausnahmen, die sich in FRCP Rule 37 (c), (d), (f) finden[459]. Der Inhalt der Sanktionen kann sehr unterschiedlicher Natur sein, wobei dem Gericht Ermessen zusteht. Ohne hier eine abschließende Aufzählung vorzunehmen, kommen insbesondere in Betracht der Ausschluss des nicht offenbarten Beweismittels, die Aussetzung des Verfahrens, gar die Abweisung der Klage oder der Erlass eines Versäumnisurteils[460]. Wichtig ist, dass Sanktionen erst verhängt werden können, wenn die benachteiligte Partei den Versuch unternommen hat, mit dem pflichtwidrig handelnden Gegner eine Lösung ohne die Einschaltung des Gerichts herbeizuführen[461]. Über die Verhängung dieser Sanktionen hinaus kann auch die pflichtwidrig handelnde Partei wegen contempt of court mit einer Ordnungsstrafe belegt werden[462]. Die wohl am häufigsten verhängte Sanktion besteht darin, der sich zu Unrecht weigernden Partei die Gerichtskosten und die Anwaltskosten der Gegenseite aufzuerlegen, die durch deren unrechtmäßiges Verhalten verursacht wurden[463].

§ 3 Rechtsvergleich der aktuellen Rechtslage

I. Parteiaktivität - Richteraktivität

Der Zivilprozess in den USA zeichnet sich einerseits durch eine umfassende Mitwirkungspflicht beider Prozessparteien aus. Andererseits ist er dadurch gekennzeichnet, dass die Parteien Rechte wahrnehmen können, die in Deutschland zum größten Teil dem Richter vorbehalten sind. Im Zusammenhang mit der Beweisaufnahme handelt es sich bei diesen Rechten zum Beispiel darum, dass die Parteien bzw. deren Rechtsvertreter die Zeugen selbst befragen[464]. In Deutschland steht dem Richter das primäre Fragerecht zu. Die Parteien können lediglich ergänzende Fragen an die Zeugen stellen, sofern sie sich auf Aspekte beziehen, die der Richter noch nicht behandelt hat[465]. Auch die Festlegung bestimmter Termine und Fristen erfolgt im Rahmen der pretrial conferences/ case

459 Wright, S. 596.

460 Böhm, Rn. 403; Friedenthal/ Kane/ Miller, S. 411, 432; James/ Hazard/ Leubsdorf, S. 330.

461 Böhm, Rn. 402, 417; Friedenthal/ Kane/ Miller, S. 432 f.

462 Böhm, Rn. 417; James/ Hazard/ Leubsdorf, S. 330 f.; Friedenthal/ Kane/ Miller, S. 433.

463 James/ Hazard/ Leubsdorf, S. 330; Friedenthal/ Kane/ Miller, S. 432.

464 Reitz, ZZP 104, 381 (381); Langbein, 52 U. Chic. L. Rev. 823 (823); Chayes, 89 Harv. L. Rev. 1281 (1283).

465 Langbein, 52 U. Chic. L. Rev. 823 (828).

management conferences[466] durch die Parteien, wohingegen in Deutschland der Richter Verfügungen trifft und Termine anberaumt[467]. Gleiches gilt für die Vorlage bestimmter Dokumente. In Deutschland ordnet das Gericht die Vorlage von Urkunden und anderen Dokumenten entweder über § 142 ZPO oder aber im Rahmen eines Beweisbeschlusses nach den §§ 420 ff. ZPO an[468]. In den USA hingehen erfolgt die Vorlage von Dokumenten unabhängig von richterlicher Aktivität.

Die Richter im US-amerikanischen Zivilprozess befinden sich also eher, wenngleich nicht ausschließlich, in einer passiven Rolle. Im Gegensatz dazu ist der Richter in Deutschland ein aktiv den Ablauf des Rechtsstreits bestimmender Teil. Ein historischer Vergleich der Partei- und der Richteraktivität ergibt, dass das common law und das kontinentaleuropäische Recht sich dadurch angenähert hatten, dass Elemente aus der equity-Prozessordnung in das common law-Verfahren integriert worden waren. Die equity-Prozessordnung selbst verfügte über nicht unbedeutende Parallelen zum kontinentaleuropäischen Verfahrensrecht. So gab und gibt es in Frankreich zum Beispiel die so genannte enquête. Dieses Verfahren zur Sicherung und Gewinnung von Beweismitteln wurde im Jahre 1667 von König Ludwig XIV. eingeführt. Bei einer enquête wurde ein Zeuge von einem Richter oder einer richterlichen Hilfsperson (commissaire-enquête) geladen und vernommen. Die zu stellenden Fragen waren im Voraus von den Parteien angefertigt worden. Über die Vernehmung wurde ein nacherzählendes Protokoll angefertigt. Die Vernehmung war geheim, es durften weder die Parteien noch andere Zeugen anwesend sein[469]. Auch im common law Prozess war es möglich, von den depositions und den interrogatories Gebrauch zu machen. Nach der equity-Prozessordnung war es Aufgabe der Richter bzw. der von ihnen eingesetzten Gerichtspersonen, die durch die depositions bzw. interrogatories verursachten Befragungen vorzunehmen. Im Verfahren nach dem common law lag die Zuständigkeit für die Aufklärung des Sachverhalts hingegen in den Händen der Parteien. Durch die Integration der equity-Elemente in das common law-Verfahren verfügten die Parteien auf einmal über sehr wirksame und starke Mechanismen, mit denen sie die Tatsachen für den Prozess herausarbeiten konnten. Diejenigen Aufgaben, die im equity-Verfahren noch von einem Richter wahrgenommen worden waren, oblagen nun den Parteien. Das bewirkte eine nicht unerhebliche Rechtserweiterung der Parteien. Die FRCP ha-

466 Böhm, Rn. 388 ff., 492.

467 T/ P/ Reichold, § 273 Rn. 1 f.

468 T/ P/ Reichold, § 142 Rn. 1, § 358 Rn. 1.

469 Kessler, 90 Cornell L. Rev. 1181 (1263 f.).

ben diese Konstellation übernommen. Dadurch und wegen der Auflösung des equity-Verfahrens insgesamt entfernten sich das kontinentaleuropäische und das US-amerikanische Zivilverfahren voneinander. Die Parallelen, die noch vor dem Erlass der FRCP zwischen der equity-Prozessordnung und dem europäischen Zivilverfahrensrecht bestanden, verschwanden durch die Vorherrschaft des common law nicht ganz, aber zu einem großen Teil.

II. Beibringungsgrundsatz/ Verhandlungsgrundsatz

Trotz der bestehenden Unterschiede bezüglich der Gewichtung der Partei- und der Richteraktivität in einem Zivilverfahren obliegt es sowohl in Deutschland als auch in den USA den Parteien, die für den Rechtsstreit maßgeblichen Tatsachen in den Prozess einzuführen und sie dem Gericht bekannt zu machen. In beiden Ländern eruiert das Gericht den Sachverhalt nicht von Amts wegen, sondern ist auf die Beibringung durch die Parteien angewiesen. In Deutschland gelten insofern jedoch die hier nicht näher zu thematisierenden Abweichungen zum Beispiel im Bereich des Ehe- und Kindschaftsrechts, wo der Amtsermittlungsgrundsatz vorherrscht[470].

Diese Übereinstimmung bezüglich der Beibringung von Tatsachen vermag nicht über die Unterschiede in der Art und Weise der Beibringung und deren Umfang hinwegzutäuschen. Die Zivilprozesse unterscheiden sich vor allem durch den Aspekt, dass es in den USA bedingt durch die pretrial discovery eine allgemeine Aufklärungspflicht gibt, wohingegen eine solche in Deutschland nach der ganz herrschenden Meinung fehlt[471]. Durch das Fehlen bzw. durch das Vorhandensein einer allgemeinen Aufklärungspflicht werden die Möglichkeiten der Parteien, den Sachverhalt umfassend aufzuklären oder Informationen zu gewinnen, die sie in den Prozess einbringen wollen, stark kontrolliert. Dies zeigt sich insbesondere in den nachstehend genannten Vergleichsmomenten.

III. Art und Weise der Klageerhebung

Im deutschen Zivilprozessrecht regelt § 253 ZPO die besonderen Anforderungen an den Inhalt der Klageschrift. Eine Klage ist unzulässig, wenn die dort genannten formalen Voraussetzungen nicht vorliegen. Zu diesen Kriterien zählt, dass der der Klage zugrunde liegende Sachverhalt substantiiert dargelegt wird und dass sich aus diesem schlüssig der vom Kläger geltend gemachte Anspruch

470 T/ P/ Reichold, Einl I Rn. 6 f.

471 Wagner, JZ 2007, 706 (707); BGHZ 116, 47 (56); 100, 190 (196); BGH NJW 1990, 3151 (3151); BGH NJW 2007, 155 (156).

herleiten lässt[472]. Anders verhält es sich in den USA. Dort reicht die bloße Behauptung des Klägers, einen Anspruch gegen den Beklagten zu haben. Konkretisierende Angaben sind nur in wenigen Ausnahmefällen erforderlich[473].

In der Konsequenz spiegelt sich in den an eine Klage gestellten Voraussetzungen in den USA die starke Prozessposition des Klägers wider. Ihm werden durch diese Minimalvoraussetzungen im frühesten prozessualen Stadium große Zugeständnisse eingeräumt. Diese Konstellation bringt den Beklagten zunächst in eine weitaus schwächere Rechtsstellung[474]. Er muss nämlich bedingt durch die pretrial discovery an der Sachverhaltsaufklärung so weit mitwirken, dass er die bloßen Behauptungen des Klägers so weit durch Informationen unterfüttert, dass sich aus seinem eigenen Vortrag erst die Schlüssigkeit der Klage ergeben könnte[475].

In Deutschland sind die Rollen hinsichtlich Kläger und Beklagtem in dem Stadium der Klageerhebung spiegelverkehrt. Durch die hohen Substantiierungspflichten des § 253 ZPO kann der Kläger nicht einen lediglich möglicherweise bestehenden Anspruch einklagen. Selbst für den Fall, dass ein Anspruch tatsächlich besteht, ist es erforderlich, dass bereits im Stadium der Klageerhebung konkrete Angaben gemacht werden können[476]. Ist das nicht möglich, wird die Klage als unzulässig abgewiesen werden[477]. Der Kläger müsste dann die Kosten tragen[478].

IV. Sachverhaltsaufklärung durch Aufklärungspflichten

Die zuvor dargestellten Unterschiede in der Art und Weise der Klageerhebung und die dadurch begründeten Rechtspositionen der Prozessparteien finden Bestätigung auch in Bezug auf die für diese bestehenden Mitwirkungs- und Aufklärungspflichten.

Die pretrial discovery begründet für den Kläger und den Beklagten eine allgemeine Aufklärungspflicht. Die Parteien sind verpflichtet, alle Informationen offen zu legen, die nicht durch Aussageverweigerungsrechte geschützt sind. Diese Aufklärungspflicht begünstigt den Kläger, der ohnehin durch die Minimalanforderungen bezüglich der Klageschrift in einer starken Position ist, noch weiter. Durch den

472 Zöller/Greger, § 253 Rn. 11, 12 a; RGZ 143, 57 (65).
473 Schütze, RiW 2005, 579 (584); Reinhard, S. 48 f.; Hein, S. 3; Böhmer, NJW 1990, 3049 (3052); Habscheid/ Stürner, S. 13; Schütze, FS Stiefel, S. 699.
474 Reinhard, S. 49; Schütze, FS Stiefel, S. 699 f.
475 Reinhard, S. 48; Schütze, FS Stiefel, S. 699 f.
476 Zöller/Greger, § 253 Rn. 11, 12 a; RGZ 143, 57, 65.
477 Zöller/Greger, § 253 Rn. 10.
478 T/ P/ Hüßtege, § 91 Rn. 1.

Einsatz der entsprechenden discovery-Mittel kann er diejenigen Informationen, die er im trial zum Beweis seines lediglich behaupteten Anspruchs benötigen wird, beschaffen[479]. In Deutschland existieren zwar auch Möglichkeiten, Informationen von der Gegenseite nach der Erhebung der Klage zu erhalten[480]. Diese sind jedoch an höhere Voraussetzungen gebunden und ergeben sich nicht allein aus einer bestimmten prozessualen Stellung. Dadurch wird der Beklagte vor mutwilligen Klagen geschützt.

V. Sachverhaltsaufklärung durch Urkundenedition

Wie bereits erörtert, begründet die pretrial discovery eine umfassende allgemeine Aufklärungspflicht für die Parteien in einem zivilrechtlichen Verfahren in den USA[481]. Die pretrial discovery umfasst dabei sämtliche Möglichkeiten, mit deren Hilfe Informationen gewonnen werden können, also auch die Vorlage von Urkunden und sonstigen Dokumenten[482]. Die Parteien können eine Edition von Urkunden nur dann verweigern, wenn die Urkunde Informationen enthält, die von der pretrial discovery ausgeschlossen sind[483]. Diese allgemeine Aufklärungspflicht hat zur Folge, dass es keiner Anspruchsgrundlage zur Geltendmachung bestimmter Editionsgesuche bedarf. Die Editionspflichten sind vielmehr eine der pretrial discovery innewohnende Möglichkeit zur Sachverhaltsaufklärung. Allein die prozessuale Stellung kann also das Recht auf Edition bzw. die Pflicht zur Edition auslösen.

Im Unterschied dazu enthielt in Deutschland bereits der Gemeine deutsche Zivilprozess eine Vielzahl verschiedener Editionspflichten[484]. Diese Aussage ist auch für die ZPO gültig. Eine Vorlage kann nur bewirkt werden, wenn entweder die Voraussetzungen für einen materiellen oder für einen prozessualen Editionsanspruch vorliegen[485]. Die §§ 809, 810 BGB verdeutlichen dabei anschaulich die hohen Voraussetzungen, die an eine materiell-rechtliche Editionspflicht geknüpft sind. Der Prozessgegner kann immer nur zur Vorlage verpflichtet werden, wenn entweder ein tatsächliches (§ 809 BGB) oder sogar ein rechtliches

---

479 Böhmer, NJW 1990, 3049 (3052).

480 Zum Beispiel §§ 422, 423 ZPO; §§ 809, 810 BGB.

481 Kersting, S. 139 f.

482 Böhm, Rn. 419; Reitz, ZZP 104, 381 (385 f.); FRCP Rule 34.

483 Friedenthal/Kane/Miller, S. 395 f.; Reitz, ZZP 104, 381 (386).

484 von Bayer, S. 955 f.; Mittermaier, Martin, S. 8 ff.; von Blattner, § 1 S. 5, § 9 S. 29; Wetzell, S. 249 f.; Heffter, S. 307.

485 Vgl. dazu zum Beispiel §§ 422, 423 ZPO, §§ 809, 810 BGB.

Interesse (§ 810 BGB) an der Edition nachgewiesen werden kann[486]. Der Nachweis dieses Interesses obliegt nach den allgemeinen Beweislastregeln dem Teil, der die Vorlage begehrt[487]. Dadurch, dass im US-amerikanischen Zivilprozess allein die prozessuale Stellung der Auslöser dafür ist, dass von der Gegenseite die Vorlage bestimmter Dokumente verlangt werden kann, werden dort das rechtliche bzw. das tatsächliche Vorlegungsinteresse pauschal als gegeben betrachtet, sofern sie klagerelevant sind.

Bezogen auf die im deutschen Recht bestehenden Differenzierungen zwischen materiellen und prozessualen Editionspflichten und dahingehend, ob sich die Edition gegen die Prozessparteien oder gegen Dritte richtet, zeigen sich sowohl Unterschiede als auch Parallelen zum Verfahren nach der equity-Prozessordnung und dem common law.

Ebenso wenig wie die pretrial discovery nach den FRCP differenzierten weder das common law-Verfahren noch die equity-Prozessordnung zwischen prozessualen und materiellen Editionspflichten. Die an eine Vorlage gestellten Voraussetzungen hingen vielmehr alleine davon ab, ob sich ein Editionsverlangen gegen eine Prozesspartei oder gegen einen Dritten richtete. Insoweit haben sich also im US-amerikanischen Zivilprozessrecht keine Änderungen ergeben.

VI. Verbot des Ausforschungsbeweises

Die zuvor gefundenen Vergleichsergebnisse finden Bestätigung unter Berücksichtigung des in Deutschland geltenden Verbots des Ausforschungsbeweises. Die pretrial discovery räumt den Parteien die Möglichkeit ein, diejenigen Tatsachen, die als Nachweis für den möglicherweise zunächst nur behaupteten Anspruch dienen könnten, zu erkunden. Der gravierende Unterschied dazu im deutschen Recht besteht zum einen darin, dass es dort keine allgemeine (vorprozessuale) Aufklärungspflicht gibt[488]. Darüber hinaus wird die Aufklärung des Sachverhalts zusätzlich noch im Rahmen eines Beweisantritts erheblich eingeschränkt. Denn das Verbot des Ausforschungsbeweises will verhindern, dass Beweisanträge aufs „Geratewohl“ oder „ins Blaue hinein“ gestellt werden[489] oder dass mit dem Beweisantritt erst die Grundlage für neue Fakten geschaffen und

486 Soergel/Hadding, § 809 Rn. 6; Staudinger/ Marburger, § 809 Rn. 8, § 810 Rn. 10.

487 Staudinger/ Marburger, § 810 Rn. 22; MüKo/ BGB/ Habersack, § 810 Rn. 17.

488 Vgl. Stürner, S. 85; Wagner, JZ 2007, 706 (706); BGH NJW 1990, 3151 (3151); Rosenberg/ Schwab/ Gottwald, § 108 Rn. 8.

489 Anhalt, S. 73; BGH NJW 1995, 2111 (2111); Kiethe, MDR 2003, 1325 (1326).

damit neue Erkenntnisquellen erschlossen werden[490]. Durch die Anforderungen, die zum Beispiel § 424 ZPO an den Inhalt eines Beweisantrags auf Vorlegung einer Urkunde stellt, wird deutlich, dass das Beweismittel bereits bekannt sein muss. Es ist also gerade nicht möglich, solche Beweismittel zu erlangen, von denen gar keine Kenntnis besteht.

VII. Editionspflichten der Kaufleute

Nach der ständigen Praxis der Gerichte im Gemeinen deutschen Prozess bestand eine besondere Editionspflicht für die Kaufleute[491]. Sie führten über sämtliche ihrer Geschäfte Geschäftsbücher. Diese bzw. einzelne Passagen aus diesen bildeten den Gegenstand eines Editionsverlangens[492].

Diese speziellen Editionspflichten der Kaufleute sind in Deutschland heute im HGB kodifiziert, insbesondere in den §§ 102, 118, 166, 233, 258 HGB. Das heißt, heute wie damals kommt nach dem deutschen Recht den „Unterlagen" der Kaufleute besondere Beweiskraft zu und ihre Vorlage kann nur bei Vorliegen bestimmter Voraussetzungen geltend gemacht werden. In den USA kommt es für die umfassende Aufklärungsverpflichtung und das Recht, Vorlage zu verlangen, nicht auf die Kaufmannseigenschaft an. Die pretrial discovery deckt sämtliche Vorlageverpflichtungen unabhängig von der rechtlichen Einordnung einer Person ab.

VIII. Vorlageverweigerungsrechte der Parteien und Dritter

Sowohl in Deutschland als auch in den USA können Dritte die Vorlage bzw. die Aufklärung unter bestimmten Voraussetzungen verweigern[493]. Dabei stimmen in den USA die Gründe, aus denen die Parteien und Dritte eine Aufklärung allgemein bzw. eine Vorlage im Speziellen ablehnen können, überein. Maßgeblich ist allein, ob es sich um privilegierte Informationen handelt oder ob die Voraussetzungen des Relevanzkriteriums erfüllt sind[494]. Nach § 142 II ZPO können Dritte die Vorlage verweigern, wenn sie ihnen unzumutbar ist oder wenn zu ihren Gunsten Zeugnisverweigerungsrechte eingreifen[495]. Die Interessen der Parteien werden im Rahmen des § 142 I ZPO hingegen „nur" über die Ausübung

490 Zöller/ Greger, vor § 284 Rn. 8c; Anhalt, S. 73, Esser, S. 65.
491 Wetzell, S. 225 ff.; von Bayer, S. 961.
492 Wetzell, S. 224; von Almendingen, Grolmans Magazin, 281 (348); von Blattner, § 6 S. 21 f.
493 Reitz, ZZP 104, 381 (386); § 142 II ZPO.
494 Reitz, ZZP 104, 381 (386).
495 MüKo/ Wagner, § 142 Rn. 11.

richterlichen Ermessens geschützt. Sie können sich nicht auf Zeugnisverweigerungsrechte stützen[496].

IX. §§ 130 ff. ZPO

Vorlagepflichten, wie sie in Deutschland zum Beispiel in § 131 ZPO normiert sind, existieren auch in den USA. Zwar ist der Kläger in den USA nicht verpflichtet, der Klage alle solche Dokumente als Anlagen beizufügen, auf die sich sein Schriftsatz stützt[497]. In Deutschland besteht diese Verpflichtung nach § 131 ZPO i. V. m. § 253 IV ZPO. Bezieht sich ein Kläger in den USA jedoch auf ein Beweisstück, dann muss auch in den USA dieses als Anlage beigefügt werden[498]. Das bedeutet, im Zuge der Dokumentenvorlage bei vorbereitenden Schriftsätzen sind in Deutschland die „Vorlagepflichten" weiter als in den USA. Dies stellt eine Ausnahme von den bisher gefundenen Ergebnissen dar. Sie erklärt sich jedoch vor dem Hintergrund, dass die Vorlage von Dokumenten schon in der Klageschrift den Kläger mit einer hohen Nachweispflicht belastet. Da der Kläger in den USA in einer starken prozessualen Stellung ist, soll dieser nicht zur Durchsetzung seiner (möglichen) materiellen Rechte mit hohen Vorlagepflichten in seiner Klageaktivität gebremst werden. In Deutschland verhält es sich hier spiegelverkehrt[499].

496 Zöller /Greger, § 142 Rn. 14; Wagner, JZ 2007, 706 (715); Lüpke/ Müller, NZI 2002, 588 (588); Gruber/ Kießling, ZZP 116, 305 (317).

497 Weiner v. Klais & Co., 108 F.3d 86, 89 (C.A.6 Ohio 1997).

498 Shelter Mut. Ins. v. Public Water Sup. Dist. 747 F. 2d 1195, 1198 (C.A Mo. 1984).

499 Ähnlich dazu Reinhard, S. 49; Schack, S. 1.

Kapitel 4: Funktionen der pretrial discovery

§ 1 Einleitung

In den ersten Kapiteln der Arbeit wurden sowohl die Unterschiede als auch die Parallelen zwischen dem US-amerikanischen und dem deutschen Zivilprozess bezogen auf die historische und auf die aktuelle Rechtslage dargestellt. Es hat sich einerseits gezeigt, dass der Schutz des Beklagten im deutschen Zivilrecht einen sehr hohen Stellenwert hat, wohingegen dieser große Schutz in den USA dem Kläger gebührt[500]. Das Instrument der pretrial discovery bildet einen konkreten Mechanismus, mit dessen Hilfe dieser Klägerschutz vorangetrieben wird.

Es stellt sich nun die Frage, wieso die Amerikaner trotz der bekannten Nachteile an ihrem Rechtssystem festhalten und warum dieses so breite Unterstützung und Anerkennung in den USA findet. Darüber hinaus wird zu erörtern sein, warum es der pretrial discovery im deutschen Zivilprozess nicht bedarf.

Die Beantwortung der Frage, warum die Amerikaner die pretrial discovery im Zivilprozess befürworten, erleichtert sich unter Berücksichtigung von deren Funktionen sowie des Aufbaus des Gerichtssystems und der dort agierenden Personen.

§ 2 Funktionen des Zivilprozesses sowie der pretrial discovery in den USA

Die pretrial discovery hat mehrere Funktionen. Diese sind sowohl wirtschaftlicher als auch sozialer sowie psychologischer und politischer Natur.

I. Förderung der Waffengleichheit und Sachverhaltsaufklärung

Das Ziel der pretrial discovery ist es, das Prinzip der Waffengleichheit unter den Parteien zu fördern. Beide Seiten sollen eine umfassende Auskunft über die tatsächlichen Gegebenheiten des Rechtsstreits geben. Eine Partei soll nicht deshalb einen Rechtsstreit verlieren müssen, weil ihr Gegner besser über die Fakten informiert ist als sie selbst[501]. Da nicht immer im Voraus bekannt ist, über welches Wissen die Gegenseite verfügt, kann es vorkommen, dass diese über die einzige

---

500 James/ Hazard/ Leubsdorf, S. 288.

501 Reitz, ZZP 104, 381 (388); Heidenberger, RiW 1982, 872 (875); Schütze, FS Stiefel, S. 699.

Informationsquelle zum Nachweis eines Anspruchs oder aber zu dessen Abwehr verfügt[502]. In diesen Fällen zeigt sich, dass mithilfe der pretrial discovery Beweismittel zutage gefördert werden, die ohne ihren Einsatz verborgen geblieben wären und somit zu einem ungerechten Ergebnis hätten führen können[503].

II. Vermeidung von Überraschungseffekten

Die pretrial discovery ermöglicht die Vornahme einer Risikoeinschätzung über den Ausgang eines Rechtsstreits. Dies wird insbesondere deutlich unter Berücksichtigung der depositions. Sie eignen sich dazu, den genauen Kenntnisstand der vernommenen Person zu ermitteln und die während der pretrial discovery gemachte Aussage eines Zeugen zu sichern. Letzteres wird durch die schriftliche Fixierung der deposition begünstigt. Ein Abweichen von der in der deposition gemachten Aussage während der Hauptverhandlung wird nur unter stark erhöhtem Argumentationsaufwand möglich sein[504].

III. Förderung der einvernehmlichen Beilegung eines Rechtsstreits

Durch die depositions wird die Beilegung eines Rechtsstreits bereits in einem frühen Stadium gefördert[505]. Durch die vorprozessuale Beweisermittlung ist es möglich, streitige Tatsachen bereits vor der Hauptverhandlung unstreitig zu stellen. Aufgrund dessen können beide Parteien von Vornherein mit einer bestimmten beweisrechtlichen Konstellation agieren[506]. Dies wiederum ermöglicht eine realistische Risikoeinschätzung hinsichtlich des Ausgangs eines Rechtsstreits[507]. Sofern eine Partei ein zu hohes Kostenrisiko für sich sieht, ist davon auszugehen, dass sie eher bereit ist, den Rechtsstreit einvernehmlich beizulegen.

IV. Erleichterung der Präsentation von Beweismitteln

Durch dieses frühzeitig geschaffene Bewusstsein der Beweislage erleichtert sich auch die Präsentation der Beweismittel. Es ist insbesondere möglich, sich auf eine

502 Reitz, ZZP 104, 381 (389); Schütze, FS Stiefel, S. 699.
503 Reitz, ZZP 104, 381 (388 ff.).
504 James/ Hazard/ Leubsdorf, S. 288, 292; Schurtmann/ Walter, S. 56 f.; Böhm, Rn. 437; Kane, S. 127; Friedenthal/ Kane/ Miller, S. 408; Heidenberger, RiW 1982, 872 (874 f.).
505 Böhm, Rn. 437; Schurtmann/ Walter, S. 56.
506 James/ Hazard/ Leubsdorf, S. 287.
507 James/ Hazard/ Leubsdorf, S. 288; Schurtmann/ Walter, S. 56 f.

Zeugenvernehmung detailliert vorzubereiten und den Zeugen in der Hauptverhandlung gezielt zu befragen[508].

V. Kontrollmechanismus im adversatorischen Rechtssystem

Durch die frühzeitige Einführung von Beweismitteln stellt die pretrial discovery einen wichtigen Kontrollmechanismus im adversatorischen Rechtssystem dar. Sie führt dazu, dass alle entscheidungserheblichen Beweismittel in den Rechtsstreit eingeführt werden und dass es nicht zu einer missbräuchlichen Unterdrückung von Beweismitteln kommt[509]. Bedingt durch die gegenseitigen Vorlagepflichten kann dies nicht oder nur unter erschwerten Umständen geschehen.

VI. US-amerikanische Rechtsanwaltschaft

Nach der Grundregel des US-amerikanischen Zivilprozesses trägt jede Partei sowohl ihre eigenen Anwalts- als auch Gerichtskosten. Darin sind die Kosten für alle Urkundenkopien, die die Partei vom Gegner verlangt, enthalten[510]. Sofern in den USA eine allgemeine Kostenerstattungspflicht eingeführt werden würde, würde das Prozessrisiko für den Kläger, der ja in den USA einen besonderen Schutz genießt[511], erhöht werden. Die Konsequenz dessen könnte wahrscheinlich eine rückläufige Anzahl an Zivilprozessen sein[512].

Rechtsanwälte erhalten in den USA in der Regel einen Stundenlohn bzw. ein Erfolgshonorar (contingent fee)[513]. Ein contingent fee ersetzt oder ergänzt den anwaltlichen Honoraranspruch dadurch, dass der Anwalt an der dem Kläger in dem Urteil zugesprochenen Summe beteiligt wird. Nach Abzug der für den Anwalt anfallenden Kosten verbleibt dem Kläger aber wegen der sehr hoch angesetzten Schadensersatzansprüche noch immer ein den „tatsächlichen Schaden ausgleichender Wert“[514]. Contingent fees werden am häufigsten in Verkehrsunfall-, Produkt- und Arzthaftungssachen vereinbart. Meist liegen die Prozentsätze, die die Anwälte im Erfolgsfall einfordern, bei 30 %[515]. Die meisten Stundensätze liegen

508 James/ Hazard/ Leubsdorf, S. 287.
509 Böhm, Rn. 389.
510 Reitz, ZZP 104, 381 (391 f.); Böhm, Rn. 418.
511 Reinhard, S. 49;
512 Schack, Rn. 20 f.
513 Reitz, ZZP 104, 381 (391); Habscheid/ Stürner, S. 13.
514 Hay, Rn. 155.
515 Schack, Rn. 21; Böhm, Rn. 135.

zwischen 200 und 500 US-Dollar, können jedoch auch darüber hinaus gehen[516]. Da der Zeit- und der Kostenaufwand für die pretrial discovery der Partei zur Last fallen, die in der Regel einen Anwalt mit der Durchführung der pretrial discovery beauftragt, bestimmt sich ein Einkommensfaktor der Rechtsanwälte durch die Abwicklung einer pretrial discovery[517].

Auch unter Berücksichtigung der hohen Anzahl der Rechtsanwälte in den USA wird deutlich, dass die Durchführung der pretrial discovery für diese Berufsgruppe eine besondere Bedeutung hat. Verglichen mit Deutschland gibt es in den USA sehr viele Rechtsanwälte. Im Jahr 1991 waren es 587.289. Das heißt, auf eine Millionen Einwohner kamen 2324,5 Anwälte[518]. Im Vergleich dazu gab es im Jahr 2002 in Deutschland 116.305 Rechtsanwälte, also 1414 Rechtsanwälte auf eine Million Einwohner[519].

VII. Anzahl der Richter

Im Kontrast zu der hohen Anzahl der Rechtsanwälte in den USA gibt es dort nur sehr wenige Richter. Im Jahr 2010 kamen in den USA auf 100.000 Einwohner circa 10,8 Richter. Im Vergleich dazu waren im Jahr 2010 etwas mehr als 20.000 Richter beschäftigt. Umgerechnet auf 100.000 Einwohner sind das 24 Richter. Deutschland belegt im Hinblick auf die Anzahl der Richter in einem weltweiten Vergleich mit großem Abstand den Spitzenplatz[520].

VIII. Anzahl der Zivilklagen in den USA

Trotz der geringeren Anzahl an Richtern ist die Anzahl der Zivilklagen in den USA um 25 % höher als in Deutschland[521].

§ 3 Schlussfolgerung

Aus den zuvor genannten Funktionen des Zivilprozesses lassen sich die folgenden Schlussfolgerungen ableiten:

Im Hinblick auf die Verteilung der Gerichtskosten und der außergerichtlichen Kosten eines Zivilprozesses ist der Grundsatz, dass jede Partei ihre eigenen Kosten

516 Schack, Rn. 21.
517 Reitz, ZZP 104, 381 (391); Schütze, RiW 2005, 579 (585); Prütting, FS Jayme, S. 713.
518 Schack, Rn. 14 ff.; Schlosser, S. 42.
519 BRAK-Mitt. 2002, 121.
520 von Bargen, DRiZ 2010, 100 (100).
521 Schack, Rn. 14.

trägt, von besonderer Relevanz. Zwar sind die Gerichtskosten in den USA niedrig, um jedermann Zugang zu den Gerichten zu gewähren[522]. Die Kosten für Rechtsanwälte können sich auf sehr hohe Beträge belaufen, können jedoch bei den Erfolgshonoraren auch lediglich einen Teil der laut Urteil zugesprochenen Summe bilden[523]. Wegen der Komplexität und des großen Umfangs der pretrial discovery beauftragen die Parteien in der Regel einen Rechtsanwalt mit deren Durchführung. Da der Anwalt für die pretrial discovery in der Regel einen Stundenlohn erhält, besteht für ihn neben der Durchsetzung der Interessen des Mandanten zumindest auch ein Eigeninteresse an der Durchführung der zeitaufwendigen[524] pretrial discovery. Ein Wegfall der pretrial discovery würde damit auch zu einer Beeinträchtigung der Einkommensverhältnisse einer großen Berufsgruppe in den USA führen. Es ist jedoch zugleich zu berücksichtigen, dass mithilfe der contingent fees auch wirtschaftlich schwache Personen die Möglichkeit zu einer Klage erhalten[525]. Zwar fallen auch bei der Vereinbarung von contingent fees die Kosten für die Durchführung der pretrial discovery an. Diese werden aber zumindest nur von der Schadenssumme abgezogen, die das Gericht dem Kläger zuspricht[526].

Die hohen Kosten der pretrial discovery können für die Parteien zu einer enormen finanziellen Belastung werden. Diesem Kostenfaktor sind jedoch diejenigen Funktionen der pretrial discovery gegenüber zu stellen, die die große Anerkennung der pretrial discovery in den USA begründen. Durch die pretrial discovery, die die Aufklärung des Sachverhalts durch die Parteien und nicht durch ein Gericht ermöglicht, können die Parteien (über ihre Rechtsanwälte) aktiv an dem Rechtsstreit mitwirken[527]. Da die Vorlagepflichten sich sowohl auf den Kläger als auch auf den Beklagten erstrecken, erhalten die Parteien das Gefühl, dass keine Partei benachteiligt wird, sondern vielmehr die Waffengleichheit gefördert wird. Durch die contingent fees wird wirtschaftlich schwachen Parteien die Möglichkeit eingeräumt, einen Rechtsstreit kostenneutral zu führen[528]. Außerdem ist die pretrial discovery die einzige Methode, mit deren Hilfe diejenige

522 Schack, Rn. 19, 21; Böhm, Rn. 135.
523 Reitz, ZZP 104, 381 (391); Schack, Rn. 20 f.
524 Reitz, ZZP, 104, 381 (391).
525 Vgl. Schack, Rn. 21.
526 Hay, Rn. 155.
527 Böhm, Rn. 388, 492; Reitz, ZZP 104, 381 (384).
528 Vgl. Schack, Rn. 21.

Partei, die zum Nachweis ihres Anspruches zwingend auf die Informationen der Gegenseite angewiesen ist, diese erhalten kann[529].

§ 4 Grundsatz vom due process

Auch unter Berücksichtigung des Grundsatzes vom due process lässt sich erklären, warum die Amerikaner trotz mancher Nachteile (insbesondere Zeit- und Kostenaufwand) an der pretrial discovery festhalten und warum sie noch immer eine hohe Akzeptanz findet[530].

I. Entstehung des due process-Grundsatzes

Nach dem due process-Grundsatz sind die Benachrichtigung und die Anhörung zwingende Voraussetzungen für die Einleitung eines Gerichtsverfahrens. Er ist Ausfluss der im nachfolgend dargestellten rechtshistorischen Entwicklung und ist zugleich Ausdruck tief verwurzelter politischer Werte. Die Entwicklung des Grundsatzes reicht zurück bis ins englische Mittelalter. Seitdem ist er kontinuierlich weiterentwickelt worden[531]. Er wurde im Mittelalter als notwendiges Mittel bewertet, das die Funktion einer Gerichtsbarkeit etablieren sollte, die als politisches Bollwerk gegen den englischen König dienen sollte. Auf diese Weise sollte die Selbstbestimmung der Bürger gewährleistet werden[532]. Bereits in der Magna Charta war 1215 verankert worden, dass kein Engländer seines Lebens, seiner Freiheiten oder seines Eigentums ohne due process of law beraubt werden dürfte[533]. Die Magna Charta garantierte erstmalig Grundfreiheiten und politische Freiheiten. Due process wurde im Laufe der englischen Geschichte zum Ausdruck antimonarchischer und bürgerlicher Werte. Vor diesem Hintergrund entwickelte sich das Verständnis der Amerikaner, dass das Prozessrecht und politische Rechte sehr eng miteinander verzahnt sind. Diese politische Wertigkeit wurde insbesondere mit den common law-Gerichten in Verbindung gebracht, die den Grundsatz in ihrem Aufbegehren gegen das equity-Verfahren entwickelten[534].

Der Grundsatz vom due process ist heute in der amerikanischen Verfassung im fünften und im vierzehnten Zusatzartikel (amendment) geregelt. Dort heißt

529 Reitz, ZZP 104, 381 (388); Heidenberger, RiW 1982, 872 (875); Schütze, FS Stiefel, S. 699.

530 Prütting, FS Jayme, S. 714 f.

531 Kessler, 90 Cornell L. Rev. 1181 (1212); Schwartz/ Corrada/ Brown, S. 333 ff.

532 Aman/ Mayton, S. 154; Kessler, 90 Cornell L. Rev. 1181 (1213).

533 Aman/ Mayton, S. 153 f.; Kessler, 90 Cornell L. Rev. 1181 (1212).

534 Kessler, 90 Cornell L. Rev. 1181 (1213).

es, dass keine Person ihres Lebens, ihrer Freiheit oder ihres Eigentums ohne due process of law beraubt werden darf. Due process soll also im Wesentlichen ein faires Verfahren garantieren[535].

II. Funktionen des due process-Grundsatzes

Im Einzelnen verfolgt der due process Grundsatz die nachstehend näher beschriebenen Funktionen.

1. Wahrheitsfindende Funktion

Die erste dem due process-Grundsatz zugeschriebene Aufgabe besteht in der Wahrheitsfindung, was ihre Bezeichnung als truth seeking function erklärt. Sie soll gewährleisten, dass Gerichte ihre Urteile nur auf die Wahrheit stützen. Die Möglichkeit dazu bestehe nur, wenn Privatpersonen ein rechtliches Instrument zur Verfügung gestellt wird, mit dem sie sich die für den Prozess relevanten Informationen verschaffen können und sie eigenständig an das Gericht weitergeben können[536]. Gerade diese Instrumente liefern die fünf verschiedenen discovery-Mechanismen. Da insbesondere die Parteien im Rahmen der discovery of documents dazu veranlasst werden können, unzählige Dokumente vorzulegen und insbesondere in Urkunden und sonstigen Dokumenten, also dort, wo etwas schriftlich fixiert wurde, die Beweiskraft sehr hoch ist, manifestiert sich die truth seeking function hier besonders deutlich.

2. Positive politische Funktion

Der due process-Klausel kommt eine positive politische Funktion zu (positive political function)[537]. Sie stammt aus dem common law. Dem equity Verfahren und dem kontinentaleuropäischen Recht ist sie nicht immanent. Die Funktion dient als Garantie zur Kontrolle von Regierungsinstitutionen, die die Kompetenz haben, bestimmte Rechte und Pflichten gegenüber Bürgern festzusetzen. Ihr Zweck besteht zugleich in der Schaffung eines prozessualen Systems, das Privatpersonen den Anreiz dazu geben soll, das bestehende Prozesssystem zu nutzen, um den Ablauf von Gerichtsprozessen selbständig zu kontrollieren, zum Beispiel

535 Rogers/ Healy/ Krotoszynski, S. 26.
536 Kessler, 90 Cornell L. Rev., 1181 (1214); Carrington, Bitburger Gespräche, S. 33, 44 ff.
537 Kessler, 90 Cornell L. Rev., 1181 (1213).

auch durch die Vernehmung von Zeugen. Die Funktion verkörpert damit eine Bestätigung der bürgerlichen Selbstbestimmung[538].

Insbesondere in der positiven und in der wahrheitsfindenden Funktion von due process zeigt sich, wie eng die pretrial discovery und die Gewährleistung des due process-Grundsatzes miteinander verzahnt sind. Durch die pretrial discovery haben die Parteien die Möglichkeit, aktiv den Rechtsstreit selbst zu gestalten, zum Beispiel durch die Einholung von depositions und durch zahlreiche Vorlageverpflichtungen. Die dadurch geschaffenen Möglichkeiten zur Gestaltung des Rechtsstreits sind ohne eine richterliche Mitwirkung möglich und damit ohne das Eingreifen staatlicher Macht.

3. Negative Funktion

Die dritte Funktion, die der Grundsatz vom due process beinhaltet, wird als negative Funktion (negative function) bezeichnet[539]. Sie existiert sowohl im common law als auch im civil law-System[540]. Sie zielt darauf ab, das Individuum vor willkürlichem staatlichen Handeln zu schützen. Sie bietet Kontrolle gegen staatliche Übermacht dadurch, dass es den Gerichten verboten ist, gegen eine Privatperson vorzugehen, ohne dass diese vorher angehört wurde[541]. Ein Schutz vor solchem staatlichen Handeln kann, ebenso wie bei der positiven Funktion vom due process, am besten dadurch erreicht werden, dass die Bürger aktiv mitwirken. Dies geschieht für den Bereich der negativen Funktion von due process insbesondere durch das Vorhandensein einer Jury im Prozess. Dieses sich aus Laienrichtern zusammensetzende Gremium ist eben nicht der Staat, sondern es sind Privatpersonen.

III. Schlussfolgerungen aus dem due process-Grundsatz

Die historische Verwurzelung des due process-Grundsatzes liefert Anhaltspunkte für die hohe Akzeptanz der pretrial discovery in den USA. Der Grundsatz stellt in Zusammenfassung der zuvor genannten Funktionen sicher, dass keine überbordende staatliche Macht und Kontrolle im Gerichtswesen aufgebaut und ausgeübt werden kann. Er wird praktisch ausgefüllt durch die fünf Mechanismen der pretrial discovery. Diese geben den Parteien diejenigen Mittel an die Hand, die sie zu einer selbständigen, umfassenden Sachverhaltsaufklärung benötigen.

---

538 Robinson/ Gellhorn/ Bruff, S. 801 f.; Kessler, 90 Cornell L. Rev., 1181 (1213).

539 Kessler, 90 Cornell L. Rev., 1181 (1213).

540 Kessler, 90 Cornell L. Rev., 1181 (1214).

541 Aman/ Mayton, S. 154; Rogers/ Healy/ Krotoszynski, S. 26.

Auf diese Art und Weise wird das historische Rechtsverständnis der Amerikaner von einem fairen, selbstkontrollierten Gerichtsverfahren unterstrichen. Die aktive Partizipation der Parteien an der Sachverhaltsaufklärung stärkt das Vertrauen in das Rechtssystem und in die Gerichtsbarkeit[542].

Die pretrial discovery vermittelt dabei das Gefühl, dass der Staat die notwendigen Institutionen zur Verfügung stellt, dass er jedoch gleichzeitig in der Ausübung seiner staatlichen Befugnisse an enge Grenzen gebunden ist. So werde staatliches Willkürhandeln in größtmöglichem Umfang unterbunden und damit gleichzeitig das Vertrauen in den Staat gestärkt[543]. Insbesondere die truth seeking function verwirklicht diesen Gedanken dadurch, dass sie Privatpersonen diejenigen Aufgaben ausführen lässt, die in anderen Ländern in den Kompetenzbereich des Gerichts fallen, wie zum Beispiel die Aufklärung des Sachverhalts[544].

Vor diesem rechtshistorischen Hintergrund erklärt sich die Beharrlichkeit, mit der die US-Amerikaner trotz der Mängel der pretrial discovery an ihr festhalten. Sie gewährleistet das Fortbestehen des rechtsgeschichtlich etablierten due process-Grundsatzes. Bei Veränderungen dieses dem US-amerikanischen Prozessrecht seit Jahrhunderten immanenten Gedankens würde das Vertrauen der Bürger in das Rechtssystem und in die Gerichtsbarkeit in großem Maß erschüttert werden. Die pretrial discovery sichert also aus psychologischer Sicht das Fortbestehen des Vertrauens in das US-amerikanische Prozessrecht und das Rechtssystem insgesamt.

---

542 Vgl. dazu Stürner, Bitburger Gespräche, S. 11, 16, 18; Carrington, Bitburger Gespräche, S. 33 f.

543 Kessler, 90 Cornell L. Rev., 1181 (1214); Aman/ Mayton, S. 154; Rogers/ Healy/ Krotoszynski, S. 26.

544 Vgl. dazu Stürner, Bitburger Gespräche, S. 11, 16, 18; Carrington, Bitburger Gespräche, S. 33 f.

Kapitel 5: Funktionale Äquivalenz

§ 1 Einleitung

Im Anschluss an die Darstellungen über die Funktionen der pretrial discovery in den USA beschäftigt sich das fünfte Kapitel der Arbeit mit der Frage, warum die in den USA anerkannte pretrial discovery in Deutschland weder erforderlich noch erwünscht ist. Die Herangehensweise dabei ist, diejenigen rechtlichen Mechanismen bzw. die Unterschiede im Aufbau des Justizsystems aufzuzeigen, die das Fehlen der pretrial discovery im deutschen Zivilprozess kompensieren.

§ 2 Einzelne Kompensationsmomente

I. Sachverständige im Zivilprozess

Den Sachverständigen kommt im Rahmen einer funktionalen rechtsvergleichenden Analyse eine bedeutende Rolle zu. Um die Unterschiede anhand der Rolle der Sachverständigen im deutschen Zivilprozess aufzeigen zu können, wird die Definition ihrer Funktion bzw. der ihnen übertragenen Aufgaben im Sinne der §§ 402 ff. ZPO hier skizziert. Sie bildet die Grundlage für die eingangs aufgestellte These ihrer Kompensationsfunktion.

1. Definition und Aufgaben der Sachverständigen in Deutschland

Ein Sachverständiger ist eine Person, die aufgrund besonderer Sachkunde über bestimmte Erfahrungssätze aussagt und aus diesen Erfahrungssätzen besondere Schlussfolgerungen auf konkrete Tatsachen herleitet[545]. Der Sachverständige ist bei der Erstattung seines Gutachtens zur Unparteilichkeit gezwungen, § 410 I ZPO. Er kann sonst aus den gleichen Gründen wie ein Richter für die Erstattung eines Gutachtens abgehlehnt werden, § 406 I 1 ZPO. Der Richter hat die Aussage des Sachverständigen im Rahmen seiner Beweiswürdigung nach § 286 I 1 ZPO zu würdigen. Bringen hingegen die Parteien Partei- oder Privatgutachten vor, so gelten diese nicht als Beweismittel im Sinne der §§ 335 ff. ZPO. Vielmehr sind sie ein urkundlich belegter substantiierter Teil ihres Vorbringens[546]. Diese Privatgutachten können nur mit Zustimmung beider Parteien als Sachverständigengutachten

545 Jauernig/ Hess, § 54 Rn. 1.

546 Jauernig/ Hess, § 54, Rn. 3; T/ P/ Reichold, vor § 402 Rn. 5; BGH NJW 2001, 77 (78); Broß ZZP 102, 433 (433 f.).

verwendet werden[547]. Bei sich widersprechenden Parteigutachten muss das Gericht, insofern es nicht über eigene Sachkunde verfügt, einen gerichtlichen Sachverständigen hinzuziehen[548].

Aus diesen Ausführungen folgt, dass in Deutschland die Sachverständigen durch die Gerichte beauftragt und bestellt werden. Diese Tatsache allein fördert ihre Unabhängigkeit, denn sie sind nicht auf die Beauftragung durch die Parteien angewiesen. Darüber hinaus wird die Neutralität der Sachverständigen durch ihre Vereidigung und Bestellung gemäß § 410 I ZPO und durch die Art und Weise ihrer Vergütung unterstützt. Die Kostenerstattung für ein Gutachten richtet sich gemäß § 413 ZPO nach dem Justizvergütungs- und Entschädigungsgesetz. Als Teil der Gerichtskosten werden die Kosten für die Sachverständigen nach den allgemeinen Regeln über die Kostenlast verteilt. Sie werden also im Zivilrecht der unterlegenen Partei aufgebürdet, § 91 ZPO.

Bedingt durch die Unparteilichkeit der Sachverständigen, die durch verschiedene Faktoren begründet wird, lässt sich folgern, dass mit ihrer Hilfe eine möglichst umfassende Wahrheitsfindung und damit Sachverhaltsaufklärung vorangetrieben werden soll.

2. *Sachverständige in den USA*

In den USA sind Kläger und Beklagter aufgrund des adversatorischen Rechtssystems selbst für die Beauftragung der Sachverständigen verantwortlich. In der Regel ernennt jede Partei ihren eigenen Sachverständigen (expert witness). Eine unabhängige Auswahl und Bestellung durch das Gericht erfolgen nicht. Dadurch kann sich eine sehr starke Interessendifferenz zwischen dem Anliegen der beauftragenden Partei und der Sachverhaltsaufklärung entwickeln. Da die beauftragende Partei die Kosten für den Sachverständigen übernehmen muss, besteht die Gefahr, dass sich der Sachverständige für die Durchsetzung von deren Interessen entscheiden wird. Aufgrund dessen sehen sich die Sachverständigen in den USA der Kritik ausgesetzt, es komme zu der Erstattung von „Gefälligkeitsgutachten", welche ein Hindernis für eine wahrheitsgemäße Sachverhaltsaufklärung darstellen[549]. Bei der Auswahl der expert witnesses gehört es zu den Aufgaben des Anwalts, denjenigen Sachverständigen auszuwählen, der die Jury oder den Richter am besten wird überzeugen können[550]. Es kann daher vorkommen, dass

547 BGH NJW 1993, 2382 (2382).

548 BGH NJW 1993, 2382 (2382); T/ P/ Reichold, vor § 402 Rn. 5.

549 Langbein, 52 U. Chic. L. Rev. 823 (835 f.); Schack, Rn. 157.

550 Schack, Rn. 157.

sich eine Jury oder ein Richter widersprechenden Sachverständigenaussagen gegenüber sieht. Insbesondere in Fällen, in denen die Überprüfung naturwissenschaftlich und technisch nachprüfbarer Begebenheiten tangiert ist, kann dies zu absurden Ergebnissen führen. Es wird dann vor der Jury bzw. vor dem Gericht darauf ankommen, welche Partei argumentativ überzeugt. Aus dieser Verteilung heraus hat sich in den USA selbst bereits ein großes Misstrauen und eine Abwertung der Sachverständigentätigkeit entwickelt[551].

3. *Bedeutung der Sachverständigen für die funktionale Äquivalenz*

In Deutschland erhöhen sich die Chancen auf eine wahrheitsgemäße Sachverhaltsaufklärung durch die Beauftragung von Sachverständigen. Da die Sachverständigen in den USA in viel geringerem Maße unabhängig sind als in Deutschland, besteht dort die Gefahr, dass diejenige Partei mit dem höheren argumentativen Durchsetzungs- und Überzeugungsgeschick obsiegt. Dazu ist es nicht zwingend erforderlich, dass die vorgetragenen Argumente auf nachprüfbaren Fakten beruhen. Um dennoch in den USA eine größtmögliche Wahrheitsfindung voranzutreiben, muss den Parteien ein Instrument zur Verfügung gestellt werden, mit dessen Einsatz dieses Ziel erreicht werden kann. Dieses Mittel ist die pretrial discovery. Sie gestattet es den Parteien, sich diejenigen Informationen zu beschaffen, die sie zum Nachweis ihres Anspruchs und damit zur Tatsachenaufklärung insgesamt benötigen. Die mittels der pretrial discovery gewonnenen Informationen sind unverfälscht. Sie haben keine Färbung durch einen möglicherweise parteiischen Sachverständigen erfahren. Mithilfe dieser objektiven Informationen kann es dann auch (teilweise) gelingen, den nicht fundierten und parteiischen Vortrag eines Sachverständigen zu entkräften. Dies gilt weniger für Bereiche, in denen Sachverständige mit technischen und naturwissenschaftlichen Fragestellungen betraut sind. Es sind jedoch Konstellationen denkbar, in denen Sachverständige nicht unmittelbar mit technischen oder naturwissenschaftlichen Fragestellungen konfrontiert werden, sondern zum Beispiel mit Abläufen in Management oder Verwaltung. Zur Verdeutlichung soll ein aktuelles deutsches Gerichtsverfahren skizziert werden[552].

Am 24. Juli 2010 fand in Duisburg die Loveparade statt. Aufgrund einer Massenpanik kamen an diesem Tag 21 Menschen ums Leben, über 650 Personen wurden (teilweise schwer) verletzt. Nach den polizeilichen Ermittlungen erhob

---

551 Langbein, 52 U. Chic. L. Rev. 823 (836).

552 Vgl. dazu die Presseerklärungen des LG Duisburg unter www.lg-duisburg.nrw/behoerde/loveparade/.

die Staatsanwaltschaft Duisburg Anklage beim Landgericht Duisburg gegen Mitarbeiter der Stadt Duisburg und gegen den privaten Veranstalter der Loveparade wegen fahrlässiger Tötung und fahrlässiger Körperverletzung (im Amt). Die Anklagevorwürfe lassen sich dahingehend zusammenfassen, dass durch Fehler bei der Planung und/ oder Genehmigung dazu beigetragen haben, dass es zu den Todesopfern und den zahlreichen Verletzten bei der Loveparade gekommen sei. Zudem lägen Verstöße gegen Auflagen vor bzw. sei deren Einhaltung nicht überwacht worden. Das Landgericht Duisburg schaltete im Zwischenverfahren den britischen Panikforscher Professor Keith Still als Sachverständigen ein. Er sollte ein Gutachten zu der Frage erstellen, ob die Todesopfer und die Verletzten bei einer korrekten Planung hätten vermieden werden können.

Insgesamt bestanden die Ermittlungsakten aus mehr als 37.000 Seiten. Beigefügt waren zudem 623 DIN A4-Ordner Sonderbände sowie Beweismittelordner und etwas 963 Stunden Videosequenzen.

In seinem Gutachten kam der Sachverständige zu dem Ergebnis, dass mittels einer einfachen mathematischen Rechnung hätte gezeigt werden können, dass die ankommenden und abfließenden Menschen durch die zur Verfügung stehende Rampe gar nicht hätten aufgenommen werden können. Diese sei dafür viel zu eng gewesen.

Das Gutachten des Sachverständigen wurde angezweifelt. Dem Sachverständigen wurden aufgrund dessen durch das Gericht Ergänzungsfragen gestellt.

Zum jetzigen Zeitpunkt ist das Zwischenverfahren noch nicht abgeschlossen. Die Stellungnahmen der Parteien zu den Ausführungen des Sachverständigen zu den ihm gestellten Ergänzungsfragen stehen noch aus.

Wenngleich es sich hierbei um ein Strafverfahren handelt, lassen sich die Überlegungen dazu auch auf den Zivilbereich übertragen. Ein Gutachten dieser Art hätte im Zivilbereich zum Beispiel im Bereich der Verletzung von Verkehrssicherungspflichten in Auftrag gegeben werden können.

Der Sachverständige hatte zur Erstellung seines Gutachtens tausende Seiten an Aktenmaterial verschiedenster Art einschließlich der Videosequenzen auszuwerten. Nach deutschem Prozessrecht hat die Auswertung derartiger Unterlagen durch Sachverständige mit maximaler Objektivität zu erfolgen, vgl. § 410 I ZPO.

Wegen der Parteilichkeit der Sachverständigen in den USA, die von der sie beauftragenden Partei bezahlt werden, besteht die Gefahr, dass bei der Auswertung durch einen Sachverständigen zum Beispiel nicht alle Erkenntnisse einbezogen werden. Oder die Auslegung von bestimmten Abläufen könnte einseitig zugunsten der beauftragenden Partei vorgenommen werden. Sofern sich aufgrund dessen auf der Gegenseite der Eindruck verfestigt, dass möglicherweise bestimmte

Verfahrensabläufe nicht beachtet oder falsch bewertet wurden, könnten die Parteien in den USA mittels der discovery das betroffene Material heranziehen und dem Gericht vorlegen. Möglicherweise könnte dadurch der parteiische Vortrag eines Sachverständigen entkräftet werden.

Damit wird deutlich, dass die pretrial discovery im US-amerikanischen Zivilprozess auch deshalb einen so hohen Stellenwert hat, weil sie eine wichtige Kompensationsfunktion in Bezug auf die Tätigkeit der gerichtlichen Sachverständigen inne hat.

II. Staatsanwaltliche Tätigkeit in den USA

In Deutschland hilft das von der Staatsanwaltschaft durchgeführte Ermittlungsverfahren dem Geschädigten besser als in den USA. Aufgrund dessen ist in den USA die pretrial discovery nötig.

Den Ausgangspunkt dieser These bildet die Tatsache, dass die Einleitung und der Ablauf eines Strafverfahrens in den USA und in Deutschland erheblich voneinander abweichen. Ein wesentlicher Unterschied besteht in den Voraussetzungen, unter denen die Staatsanwaltschaft eine Anklage erhebt, erheben kann bzw. erheben muss.

1. Legalitätsprinzip

Das in Deutschland geltende Legalitätsprinzip besagt, dass die Staatsanwaltschaft bei Anhaltspunkten für eine Straftat Ermittlungen einleiten und bei hinreichendem Tatverdacht Anklage erheben muss, §§ 152 II, 170 I StPO[553]. Für die Polizei besteht ebenfalls die Verpflichtung, bei Anhaltspunkten für eine Straftat tätig zu werden. Das bedeutet in der Folge, dass die Polizei jeden Verdacht einer Straftat an die Staatsanwaltschaft weiterleiten muss[554]. Für die Staatsanwaltschaft, nicht jedoch für die Polizei[555], sind Durchbrechungen des Legalitätsprinzips unter bestimmten Voraussetzungen zulässig. Es handelt sich um die ausdrücklich geregelten Fälle der §§ 153 ff. StPO[556]. Unabhängig davon ist das Legalitätsprinzip teilweise an das Vorliegen bestimmter Voraussetzungen, wie zum Beispiel das Stellen eines Strafantrages oder die Bejahung des öffentlichen Interesses gemäß § 376 StPO, gebunden[557].

553 KK/ Fischer, Einl. Rn. 8.

554 KK/ Fischer, Einl. Rn. 8.

555 KK/ Fischer, Einl. Rn. 9.

556 KK/ Fischer, Einl. Rn. 11; Krey, S. 12.

557 KK/ Senge, § 376 Rn. 1 f.; KK/ Griesbaum, § 158 Rn. 3, 33.

2. *Organisation der Staatsanwaltschaften in den USA*

In den USA existieren auf Ebene der Bundesstaaten circa 2.700 Anklagebehörden, die voneinander unabhängig sind. Der Leiter der Staatsanwaltschaft, genannt district, county oder state's attorney, ist meist für die Strafverfolgung in einer „kleinen politischen Einheit (Distrikt, Kreis, Bezirk)" zuständig. Die sogenannten assistant prosecutors sind Juristen und arbeiten für den Leiter der jeweiligen Anklagebehörde[558]. Staatsanwälte sind auf bundesstaatlicher Ebene in den USA in den meisten Bundesstaaten gewählte Amtsträger[559]. Eine Ernennung erfolgt lediglich in Alaska, Connecticut, New Jersey und im District of Columbia[560]. Sie sind zuständig für die einzelstaatlichen Strafverfahren[561].

Auf der Ebene des Bundes gibt es den U.S. attorney (Bundesanwalt). In jedem Bundesstaat gibt es einen oder mehrere Bundesanwälte. Der U.S. attorney ist zuständig für die Vertretung der Bundesregierung in Zivil- und Strafverfahren. Er wird für vier Jahre vom Präsidenten unter Zustimmung des Senates ernannt. Vorgesetzter des U.S. attorney ist der Attorney General, der Justizminister der Vereinigten Staaten (Generalbundesanwalt). Er ist das oberste Strafvollsteckungsorgan in den USA. Der Attorney General kann zur Unterstützung des U.S. attorney sogenannte assistant attorneys ernennen. Diese haben die gleichen Befugnisse wie der U.S. attorney[562].

3. *Organisation der Polizei in den USA*

Die Strafverfolgung auf der Bundesebene wird durch viele unterschiedliche Behörden ausgeübt, eine zentrale Bundespolizeibehörde gibt es nicht. Neben dem FBI existieren zum Beispiel noch der U.S. Marshals Service (Polizei der Bundesgerichte), die Einwanderungsbehörde (Immigration and Naturalization Service) oder die Zollbehörde (U.S. Customs Service). Das FBI und der U.S. Marshals Service unterstehen dem Attorney General[563]. Das FBI ist unter anderem zuständig für die Aufklärung von Taten, die im Zusammenhang mit dem Bundesrecht stehen[564].

---

558 Jescheck/Leibinger/Weigend, S. 591, 594.

559 Farnsworth, S. 122; Krey, S. 11; Schmidt, Niklaus, S. 40 f., Jescheck/Leibinger/Weigend, S. 592 f.; Hay, S. 353 Fn. 32.

560 Hay, S. 353 Fn. 32.

561 Hay, S. 353 Fn. 32.

562 Schulze/ Patterson, S. 126; Hay, S. 353, Fn. 32 f.; Reinbacher, S. 116 f.

563 Reinbacher, S. 117 f.

564 Reinbacher, S. 118.

Auch auf der Ebene der Bundesstaaten ist die Polizei dezentral organisiert. Die Landespolizei (state police) und die Autobahnpolizei (highway patrol) arbeiten im gesamten Bundesstaat. Im Übrigen beschränkt sich die Zuständigkeit jedoch auf einen kleinen Bereich. In den Städten gibt es in der Regel ein city police department und außerhalb der Städte ein sheriff department. Ihre Kompetenzen beschränken sich auf ihr jeweiliges Gebiet[565].

4. *Opportunitätsprinzip*

Für die US-amerikanischen Staatsanwälte gilt das Opportunitätsprinzip. Danach liegt es im Ermessen der Anklagebehörde, ob sie bei einem hinreichenden Tatverdacht die öffentliche Anklage erhebt oder davon absieht[566]. In den USA gibt es für die Staatsanwälte grundsätzlich kein Weisungsrecht so wie dies in Deutschland der Fall ist[567]. Zu berücksichtigen ist jedoch, dass der Attorney General die Aufsicht über den U.S. attorney ausübt und im Rahmen der Aufsichtsbefugnis Weisungen erteilen kann[568]. Außerdem ist ein besonderes Kennzeichen der Tätigkeit des Staatsanwaltes in den USA, dass diesem eine große Unabhängigkeit in der Führung seines Amts zukommt. Entgegen den Staatsanwälten in Deutschland zum Beispiel untersteht er keinen fachlich oder administrativ übergeordneten Behörden[569]. Von Bedeutung ist in diesem Kontext auch, dass die Tätigkeit als district attorney oft nur als Durchgangsstadium und als Sprungbrett genutzt wird, um sich auf diesem Umweg für weitere hoch dotierte Aufgaben mit höherem Ansehen in der „öffentlichen Verwaltung" zu qualifizieren. Für die Ausübung des prosecutorial discretion begründet die Tatsache, dass auf Bundesstaatenebene die meisten Staatsanwälte gewählte Amtsträger sind, eine starke Abhängigkeit von den aktuell von der Politik verfolgten Interessen. Es besteht deshalb die Gefahr, dass unter Berücksichtigung eigener Karriereaussichten insbesondere Fälle mit positiver Öffentlichkeitswirkung und Profilierungsaussichten angeklagt werden[570].

---

565 Reinbacher, S. 145.
566 Hay, Rn. 707; Jescheck/ Leibinger/ Leibinger, S. 699.
567 Jescheck /Leibinger/ Leibinger, S. 685; Krey, S. 8.
568 Hay, S. 353, Fn. 32; Schulze/ Patterson, S. 126.
569 Schmid, Niklaus, S. 40.
570 Schmid, Niklaus, S. 40 f.; Jescheck /Leibinger/ Weigend, S. 592 f.; Krey, S. 11.

5. *Interaktion zwischen Polizei und Staatsanwaltschaft*

Ebenso wie in Deutschland gehen in den USA der Tätigkeit der Staatsanwaltschaften polizeiliche Aktivitäten, entweder in einem Einzelstaat oder auf Bundesebene, voraus. Die Frage jedoch, ob die Staatsanwaltschaft in die polizeilichen Handlungen eingebunden wird, hängt im Wesentlichen von der Einschätzungsprärogative der Polizei ab. Maßgeblich ist, ob die Polizei einer an sie gerichteten Strafanzeige nachgeht und infolgedessen einen Verdächtigen festnimmt. Entscheidet sich die Polizei dagegen, wird die Staatsanwaltschaft in der Regel keine Kenntnis von dem Sachverhalt erlangen[571].

Hat die Polizei einen Verdächtigen festgenommen, hängt die weitere Vorgehensweise davon ab, ob sie im Zuge der Festnahme die Staatsanwaltschaft informiert. Das wird sie regelmäßig dann nicht tun, wenn sie zwar aufgrund der Anzeige eine Festnahme durchführt, sich dann aber nur für das Aussprechen einer Verwarnung gegen den Betroffenen entschließt und ihn infolge dessen wieder aus ihrem Gewahrsam entlässt[572]. Eine Information der Staatsanwaltschaft wird nur erfolgen, wenn die Polizei den Verdächtigen nicht entlässt.

Diese Vorgehensweise der Polizei impliziert für die Staatsanwaltschaft eine große Abhängigkeit. Anders als in Deutschland, wo die Staatsanwaltschaft als Herrin des Ermittlungsverfahrens gilt und deswegen nur sie darüber entscheidet, ob ein Ermittlungsverfahren eingestellt wird oder nicht[573], hat die Staatsanwaltschaft in den USA grundsätzlich kein Weisungsrecht gegenüber der Polizei[574]. Etwas anderes gilt jedoch für das Verhältnis zwischen dem Attorney General und dem FBI. Der Attorney General ist gegenüber dem FBI weisungsbefugt[575]. Insofern könnte der Attorney General durch Ausübung seiner Weisungsbefugnis Einfluss auf den Verfahrensablauf durch das FBI nehmen.

In dem Fall, in dem die Polizei den Sachverhalt an die Staatsanwaltschaft weiterleitet, kann diese nach dem Opportunitätsprinzip über die Erhebung der Anklage oder ein Absehen von dieser entscheiden[576] (prosecutorial discretion[577]).

---

571 Jescheck/ Leibinger/ Weigend, S. 596 f.; Krey, S. 8.
572 Jescheck/ Leibinger/ Weigend, S. 596 f.; Krey, S. 8.
573 Krey, S. 5.
574 Krey, S. 8.
575 Reinbacher, S. 117.
576 Hay, Rn. 707.
577 Schmid, Niklaus, S. 40; Krey, S. 8.

6. *Kriterien bei der Ermessensausübung der Staatsanwaltschaft*

Bei der Ausübung des prosecutorial discretion steht dem US-amerikanischen Staatsanwalt ein weiter Spielraum offen. In seine Überlegungen hat er dennoch bestimmte Aspekte einzubeziehen, wie zum Beispiel die Wahrscheinlichkeit einer Verurteilung, Billigkeitsgesichtspunkte sowie das öffentliche Interesse[578]. Ob letzteres anzunehmen ist, beurteilt der Staatsanwalt aufgrund seiner bisherigen Berufserfahrung, seines persönlichen Gerechtigkeitsempfindens und seines Wissens darüber, wie in seinem Bezirk üblicherweise mit vergleichbaren Fällen umgegangen wird[579]. Darüber hinaus sollte es in den Erwägungen eine Rolle spielen, welche Auswirkungen eine Verurteilung bzw. eine Nichtverurteilung auf den Delinquenten, seine Umgebung und auf den Geschädigten hätte und ob eine Jury unter Berücksichtigung aller Beweise zu einem einstimmigen Schuldspruch gelangen würde[580].

7. *Kontrolle des staatsanwaltlichen Ermessens*

Der große Ermessensspielraum eines US-amerikanischen Staatsanwalts bezüglich einer Anklageerhebung ist weitgehend nicht gerichtlich abänderbar. Nur in seltenen Ausnahmefällen können die Gerichte eine staatsanwaltliche Einstellungsentscheidung ändern bzw. aufheben. Dies ist möglich, wenn der Staatsanwalt verfassungswidrig gehandelt hat, insbesondere wenn er einen Verdächtigen aus nicht sachlichen Gründen (Hautfarbe, Religion, Herkunft) angeklagt hat[581]. Jedoch kommt auch in diesem Bereich der Jury eine besondere Rolle zu. In vielen Bundesstaaten entscheidet die grand jury[582] darüber, ob eine Anklage überhaupt zum Gericht zugelassen wird. Ist diese von den vorgelegten Beweismitteln nicht

---

578 Jescheck/ Leibinger/ Weigend, S. 611; Jescheck/ Leibinger/ Leibinger, S. 699 f.; Schmid, Niklaus, S. 40.

579 Jescheck/ Leibinger/ Weigend, S. 610.

580 Schmid, Niklaus, S. 41; Jescheck /Leibinger/ Weigend, S. 610.

581 Yick Wo v. Hopkins, 118 U.S. 356 (1886); Jescheck /Leibinger/ Weigend, S. 612.

582 *Eine grand jury wird in einigen Bundesstaaten einberufen, um darüber zu entscheiden, ob ein Fall zur Anklage gebracht werden soll oder nicht. Bei der Entscheidung sind lediglich die Jury-Mitglieder und der Staatsanwalt anwesend. Eine grand jury besteht aus 16 bis 23 Mitgliedern. Für die Bildung einer Mehrheit sind die Stimmen von mindestens 12 Geschworenen erforderlich. Die grand jury ist abzugrenzen von der petit jury (auch petty jury oder trial jury genannt). Letztere besteht lediglich aus 12 Mitgliedern und wird erst im Rahmen der Hauptverhandlung (trial) eingesetzt. (Vgl. dazu Byrd, S. 386, 400; Farnsworth, S. 124, Fn. 25; Hay/ Law, Rn. 718).*

überzeugt, kann sie die Anklage zurückweisen[583]. Diese Funktion der Jury bildet somit einen weiteren Kontrollmechanismus gegenüber willkürlichem staatsanwaltlichem Handeln. Dies wurde auch durch die im vorangegangenen Kapitel besprochene negative Funktion des due process-Grundsatzes aufgezeigt.

8. Möglichkeiten zur Erzwingung eines Strafverfahrens?

In den USA gibt es im Vergleich zu Deutschland weder die Möglichkeit zur Erhebung einer Privatklage noch die der Einleitung eines Klageerzwingungsverfahrens[584]. Beide Mechanismen dienen in Deutschland einer Kontrolle und gegebenenfalls einer Korrektur der Anklagepraxis des Staates durch Privatpersonen[585]. Die einzige Möglichkeit, in Fällen grober Pflichtverletzung einzugreifen, besteht in manchen Bundesstaaten darin, den Ankläger seines Amtes zu entheben oder zu suspendieren. Wegen der Eingriffsintensität eines solchen Vorgehens kommen diese Vorschriften aber nur sehr selten zum Einsatz[586].

9. Rolle des Staatsanwalts im Justizsystem

Bedingt durch das adversatorische Justizsystem in den USA muss der Staatsanwalt parteilich handeln. Er ist gehalten, zahlreiche Verurteilungen zu erreichen, denn sie bilden das maßgebliche Erfolgskriterium für seine Arbeit. Freisprüche und Einstellungen des Verfahrens gelten als Misserfolge[587].

10. Bedeutung des Ermessens für die funktionale Äquivalenz

Die vorstehenden Ausführungen zeigen, dass die deutsche Organisation der Strafverfolgung das Fehlen von discovery kompensiert.

Wie zuvor aufgezeigt, hängt es in den USA von vielen verschiedenen Faktoren ab, ob eine Anklage erhoben wird oder nicht. Zwei wichtige Faktoren in diesem Kontext bilden das polizeiliche und das staatsanwaltliche Ermessen.

Für einen Geschädigten, dem aus einem strafrechtlichen Verhalten ein materieller oder auch ein immaterieller Schaden entstanden ist, macht es einen großen Unterschied, ob es zu einer Anklageerhebung durch die Staatsanwaltschaft kommt oder nicht. Denn nur wenn eine Anklage erhoben wird, wird eine gerichtliche

583 Jescheck/ Leibinger/ Weigend, S. 605.
584 Jescheck/ Leibinger/ Weigend, S. 612, insbesondere auch Fn. 112; Jescheck/ Leibinger/ Leibinger, S. 687.
585 Jescheck/ Leibinger/ Leibinger, S. 686.
586 Jescheck/ Leibinger/ Weigend, S. 612.
587 Jescheck/ Leibinger/ Weigend, S. 595.

Hauptverhandlung durchgeführt werden, in deren Verlauf die Aufklärung des Sachverhalts (durch die Parteien) vorangetrieben werden kann.

Es stellt sich deswegen die Frage, inwiefern das Aufklärungsinteresse des Geschädigten Berücksichtigung findet, wenn es zum größten Teil dem Ermessen des Staatsanwalts anheimgestellt ist, eine Anklage zu erheben oder nicht. Sowohl die Ermessensentscheidung der Polizei als auch diejenige der Staatsanwaltschaft wecken gewisse Zweifel daran, ob dem Aufklärungsinteresse des Geschädigten ausreichend Gewicht beigemessen wird. Der Gedanke, dass der Staatsanwalt bei seiner Ermessensentscheidung zumindest auch darauf schaut, inwieweit die Anklageerhebung bzw. die Einstellung des Verfahrens seine eigenen Interessen, etwa die Karriere, beeinflussen könnten, lässt sich aufgrund seiner besonderen Stellung nicht ganz verdrängen[588]. Aufgrund dessen ist insbesondere bei weniger schwerwiegenden Delikten, bei Massendelikten und bei unpopulären politischen Themen und Entscheidungen nicht unbedingt mit einer Anklageerhebung zu rechnen[589]. Das mitunter geringe Interesse des Staatsanwalts an der Anklageerhebung korrespondiert dabei häufig nicht mit dem hohen Aufklärungsinteresse des Geschädigten. Für ihn kann die Sachverhaltsaufklärung sehr bedeutsam sein. Zu denken ist insbesondere an Fallkonstellation aus dem Bereich der Betrugskriminalität. In diesen Fällen wird unabhängig von der strafrechtlichen Sanktionskomponente zugleich die Kompensation des materiellen Schadens auf dem Zivilrechtswege angestrebt. Der Geschädigte kann jedoch nur Schadensersatz erhalten, wenn der Sachverhalt in tatsächlicher Hinsicht so aufgeschlüsselt wird, dass die Voraussetzungen des Schadensersatzanspruchs nachgewiesen werden können.

Sofern eine Sachverhaltsaufklärung in strafrechtlicher Hinsicht mangels Anklageerhebung unterbleibt, ist damit nicht gleichzeitig eine Aufklärung in einem Zivilrechtsstreit ausgeschlossen. Vielmehr kann diese dort mittels der pretrial discovery betrieben werden, deren fünf Mechanismen dem Geschädigten alle Möglichkeiten eröffnen, um die tatsächlichen Voraussetzungen seines Schadensersatzanspruches nachzuweisen. Der Ausschluss der Strafverfolgung durch eine Anklageerhebung bedeutet also nicht, dass das Interesse des Geschädigten an der Sachverhaltsaufklärung vernachlässigt bzw. gar ignoriert wird. Dem Interesse wird jedoch nicht in strafrechtlicher Hinsicht Rechnung getragen, sondern durch die Möglichkeit der pretrial discovery im Zivilprozess, deren

588 Schmid, Niklaus, S. 40 f.; Jescheck/ Leibinger/ Weigend, S. 592 f.; Krey, S. 11; vgl. dazu auch Farnsworth, S. 122, der die außergewöhnliche Machtposition und Stellung des US-amerikanischen Staatsanwaltes beschreibt.

589 Schmid, Niklaus, S. 40 f.; Jescheck/ Leibinger/ Weigend, S. 592 f.; Krey, S. 11.

Durchführung den Partien überlassen ist. Für die rechtsvergleichende Analyse bedeutet dieser Schluss, dass die pretrial discovery das Aufklärungsinteresse, das in Deutschland im Strafrecht durch den Amtsermittlungsgrundsatz befriedigt wird, kompensiert.

Diejenigen Handlungen, die in Deutschland durch staatliches Handeln aufgrund gesetzlicher Vorgaben erfolgen, liegen in den USA in den Händen der Parteien. Sie sind damit fakultativ. Wenn sie aber in den Händen der Parteien liegen, dann muss diesen, insbesondere bei einem überbordenden Aufklärungsinteresse, so viel „Macht" eingeräumt werden, dass sie, wenn sie eine Aufklärung betreiben wollen, auch tatsächlich die Möglichkeiten dazu haben. Für diese Aufgabe ist die pretrial discovery prädestiniert[590].

III. Kapitalmarktrecht

Anhand einer Untersuchung der Voraussetzungen für das Einschreiten der Staatsanwaltschaften in den USA sowie im Hinblick auf die Tätigkeit der Sachverständigen in den USA konnte das Erfordernis der pretrial discovery nachgewiesen und die These der funktionalen Äquivalenz in diesen Rechtsbereichen belegt werden.

Der folgende Abschnitt widmet sich der Frage, ob sich die pretrial discovery auch in anderen Rechtsgebieten als ein Rechtsinstrument erweist, dessen Funktionen im deutschen Zivilprozessrecht durch andere Mechanismen kompensiert werden können.

Infolge der Finanzkrise hat das Kapitalmarktrecht eine besondere Bedeutung erlangt. Der effektive Schutz von Anlegern durch Regulierung oder zivilrechtliche Maßnahmen ist in den Vordergrund gerückt. Aufgrund dessen soll das Kapitalmarktrecht unter besonderer Berücksichtigung der Finanzaufsichtsbehörden in den USA und in Deutschland einen weiteren Untersuchungsgegenstand bilden.

1. Finanzaufsicht in Deutschland

In Deutschland übt die Bundesanstalt für Finanzdienstleistungsaufsicht, BaFin, gemäß § 4 I 1 Wertpapierhandelsgesetz (WpHG) die Aufsicht über den gesamten Handel mit Finanzinstrumenten, Wertpapierdienstleistungen und Wertpapiernebendienstleistungen aus. Unter anderem ist die BaFin zuständig für die Kontrolle der Einhaltung der Meldepflichten gemäß §§ 9, 15 a WpHG, für die Überwachung des Verbots von Insidergeschäften gemäß § 14 WpHG, für die

590 Vgl. dazu auch Stürner, Bitburger Gespräche, S. 11, 16, 18; Carrington, Bitburger Gespräche, S. 33 f.

Kurs- und Marktmanipulation gemäß § 20 a WpHG sowie für die Überprüfung der Einhaltung der Regeln über die Ad-Hoc-Publizität[591].

2. *Handlungsbefugnisse der BaFin, § 4 III WpHG*

Die BaFin verfügt zur Wahrnehmung ihrer Aufsichtsfunktion über bestimmte gesetzliche Befugnisse. Allgemein gewährt § 4 I 3 WpHG der BaFin das Recht, Missständen aus dem Bereich des Kapitalmarktrechts entgegenzuwirken. Gemäß § 4 III WpHG kann die BaFin von jedermann Auskünfte, die Vorlage von Urkunden und die Überlassung von Kopien verlangen sowie Personen laden, soweit dies auf Grund von Anhaltspunkten für die Überwachung der Einhaltung eines Verbots oder Gebots des WpHG erforderlich ist[592]. § 4 III WpHG nennt also die Erkenntnisquellen, mit deren Hilfe die BaFin den Sachverhalt eines kapitalmarktrechtlichen Handelns oder Unterlassens aufklären kann[593]. Es handelt sich um verwaltungsrechtliche und nicht um strafprozessuale Befugnisse der BaFin. Die BaFin handelt dann durch den Erlass eines Verwaltungsakts gemäß § 15 FinDAG (Gesetz über die Bundesanstalt für Finanzdienstleistungsaufsicht). Den Verwaltungsakt kann die BaFin mit Zwangsmitteln nach dem Verwaltungsvollstreckungsgesetz (VwVG) durchsetzen[594].

a) Vorlage von Urkunden nach § 4 III 1 WpHG

Grundsätzlich ist jede natürliche oder juristische Person oder Personenvereinigung verpflichtet, der BaFin auf deren Verlangen Urkunden vorzulegen[595]. Das Vorlageverlangen kann sich sowohl gegen Dritte als auch gegen denjenigen richten, der den Verstoß zu verantworten hat[596].

aa) Verdachtsgrad und Adressat des Vorlageverlangens

Nach § 4 III WpHG kann die BaFin die Vorlage von Urkunden verlangen, wenn Anhaltspunkte bestehen, dass gegen ein Verbot verstoßen wurde oder ein Gebot missachtet wurde. Trotz ähnlicher Formulierungen ist der Verdachtsgrad des

591 KK-WpHG/ Giesberts, § 4 Rn. 17.
592 Assmann/ Schneider/ Döhmel, § 4 Rn. 46.
593 Assmann/ Schneider/ Döhmel, § 4 Rn. 28.
594 Moosmayer, wistra 2002, 161 (167); KK-WpHG/ Altenhain, § 4 Rn. 123, 125; Fuchs/ Schlette/ Bouchon, § 4 Rn. 48.
595 KK-WpHG/ Altenhain, § 4 Rn. 113; Assmann/ Schneider/ Döhmel, § 4 Rn. 34 ff.
596 Fuchs/ Schlette/ Bouchon, § 4 Rn. 43.

§ 4 III WpHG niedriger als derjenige des § 152 StPO[597]. Der Verdacht erfordert einen Tatsachenkern, bloße Vermutungen können ihn nicht begründen. Im Ergebnis ist es ausreichend, wenn Tatsachen vorliegen, die nach kapitalmarktrechtlicher Erfahrung die nicht fern liegende Möglichkeit begründen, dass ein Verstoß gegen ein Gebot oder ein Verbot des WpHG bevorsteht, schon begangen wurde oder gerade begangen wird[598]. Der Verdacht muss sich nicht gegen dieselbe Person oder Personenvereinigung richten, gegen die sich das Vorlageverlangen richtet. Die Zulässigkeit des Vorlageverlangens hängt vielmehr davon ab, ob die durch die Vorlage erstrebte Information geeignet ist, den Verdacht aufzuklären. Damit rechtfertigt der Nutzen für die Ermittlungen auch ein Handeln gegenüber einer nicht verdächtigen dritten Person[599].

bb) Definition Unterlagen

Der Begriff der Unterlagen ist weit zu verstehen. Er umfasst alle Materialien, von denen anzunehmen ist, dass sie über die benötigten Informationen Auskunft geben, die also sachbezogene Informationen enthalten[600]. Unter den Begriff fallen damit alle Arten von Schriftstücken, Dateien, gespeicherte Verbindungsdaten von Telefongesprächen, Tonbänder, Videokassetten, Datenübermittlungen, Listen, Quittungen, Sitzungsniederschriften etc.[601].

cc) Definition Vorlage

Der Gesetzgeber hat den Begriff der Vorlage nach dem WpHG nicht definiert[602]. Nach Sinn und Zweck des Gesetzes muss Vorlage bedeuten, dass die Unterlagen der BaFin so zugänglich gemacht werden, dass sie sich über den Inhalt in Kenntnis setzen kann. Dabei müssen die Unterlagen nicht zur BaFin verschafft werden, sondern die Vorlage erfolgt am Aufbewahrungsort der Unterlagen[603]. Unter Beachtung des Grundsatzes der Verhältnismäßigkeit muss der Vorlagepflichtige der BaFin auch Kopien anfertigen. Die BaFin darf auch selbst Kopien machen[604].

---

597 KK-WpHG/ Altenhain, § 4 Rn. 111; Assmann/ Schneider/ Döhmel, § 4 Rn. 30.

598 KK-WpHG/ Altenhain, § 4 Rn. 112; Assmann/ Schneider/ Döhmel, § 4 Rn. 30; Fuchs/ Schlette/ Bouchon, § 4 Rn. 37.

599 KK-WpHG/ Altenhain, § 4 Rn. 113; Fuchs/ Schlette/ Bouchon, § 4 Rn. 43 f.

600 KK-WpHG/ Altenhain, § 4 Rn. 121; Fuchs/ Schlette/ Bouchon, § 4 Rn. 67.

601 KK-WpHG/ Altenhain, § 4 Rn. 121; Assmann/ Schneider/ Döhmel, § 4 Rn. 46 f.; Fuchs/ Schlette/ Bouchon, § 4 Rn. 67.

602 Fuchs/ Schlette/ Bouchon, § 4 Rn. 68.

603 KK-WpHG/ Altenhain, § 4 Rn. 122.

604 KK-WpHG/ Altenhain, § 4 Rn. 122.

dd) Sachenrechtliche Beziehung an den Unterlagen

Nach § 4 WpHG ist es nicht relevant, welche sachenrechtlichen Beziehungen der Vorlagepflichtige an den Unterlagen hat. Es sind jedenfalls solche Unterlagen vorzulegen, die im Eigentum des Vorlagepflichtigen stehen oder an denen er (unmittelbaren) Besitz hat. Vorzulegen sind auch Sachen, die sich zwar im Eigentum, nicht aber im unmittelbaren Besitz des Vorlageverpflichteten befinden, an denen er sich aber rasch den Besitz verschaffen kann[605].

b) Ladung und Vernehmung von Personen

Gemäß § 4 III WpHG hat die BaFin die Befugnis, in eigener Verantwortung Personen vorzuladen und zu vernehmen[606].

c) Auskunfts- und Aussageverweigerungsrechte

Ein Auskunfts- und Vorlageersuchen kann nicht gegen solche Personen durchgesetzt werden, denen einen Auskunfts- oder Aussageverweigerungsrecht zusteht[607]. Das Auskunftsverweigerungsrecht ergibt sich aus § 4 IX WpHG[608]. Das Aussageverweigerungsrecht folgt aus einer analogen Anwendung dieser Norm[609]. Primär richtet sich § 4 IX WpHG nur auf die Erteilung von Auskünften. Personen, die einer gesetzlichen Verschwiegenheitspflicht unterliegen, dürfen einem Auskunftsverlangen nur nachkommen, wenn sie ausdrücklich von ihrer Schweigepflicht entbunden wurden[610].

d) Betretensrechte, § 4 IV WpHG

Gemäß § 4 IV WpHG verfügt die BaFin über Betretensrechte. Sie darf danach Grundstücke und Geschäftsräume auskunftspflichtiger Personen betreten[611]. Das Betretensrecht kommt zum Tragen, wenn der Betroffene eines Vorlageverlangens nicht kooperiert und damit eine Aufklärung des Sachverhalts nicht erfolgen kann[612].

---

605 Fuchs/ Schlette/ Bouchon, § 4 Rn. 72.
606 Assmann/ Schneider/ Döhmel, § 4 Rn. 52; KK-WpHG/ Altenhain, § 4 Rn. 123.
607 KK-WpHG/ Altenhain, § 4 Rn. 124.
608 KK-WpHG/ Altenhain, § 4 Rn. 124; Fuchs/ Schlette/ Bouchon, § 4 Rn. 55.
609 KK-WpHG/ Altenhain, § 4 Rn. 169.
610 KK-WpHG/ Altenhain, § 4 Rn. 124; Fuchs/ Schlette/ Bouchon, § 4 Rn. 61.
611 KK-WpHG/ Altenhain, § 4 Rn. 131; Assmann/ Schneider/ Döhmel, § 4 Rn. 49.
612 KK-WpHG/ Altenhain, § 4 Rn. 131.

3. *Schadensersatzansprüche privater Investoren*

Ein privater Investor kann in Deutschland Schadensersatz einklagen, wenn eine Verletzung kapitalmarktrechtlicher Vorschriften vorliegt. Anspruchsgrundlagen für Schadensersatzansprüche enthalten zum Beispiel die §§ 37 b und 37 c WpHG.

§ 37 b WpHG gewährt einen Schadensersatzanspruch wegen unterlassener unverzüglicher Veröffentlichung von Insiderinformationen. § 37 c WpHG zielt auf einen Schadensersatzanspruch wegen Veröffentlichung unwahrer Insiderinformationen ab. Diese Vorschriften bezwecken eine Verstärkung des Anlegerschutzes[613]. Ergänzt wird die Haftung nach diesen Normen durch die deliktischen Tatbestände der §§ 823 II, 826 BGB[614].

Konkret zeigt sich der Schutz der Anleger in der folgenden Regelung: Im Rahmen der Haftung nach den §§ 37 b, 37 c WpHG wird das Verschulden widerleglich vermutet. Es findet eine Beweislastumkehr zu Gunsten des Klägers statt, der sonst den Nachweis für das Vorliegen der tatbestandlichen Voraussetzungen seines Schadensersatzanspruchs hätte erbringen müssen[615]. Der Grund für diese Beweislastumkehr liegt ausweislich der Gesetzesmaterialien in der Lehre von der Beweislastvereitelung in den von den Beteiligten jeweils beherrschten Verantwortungsbereichen[616]. Die Umstände, nach denen sich der Investor gerichtet hat, als er Anteile an dem Unternehmen gekauft hat, liegen in der Sphäre des Unternehmens. Müsste der Kläger diese Umstände von sich aus vortragen, hätte er mit seiner Klage in der Regel nie Erfolg[617].

4. *Finanzaufsicht in den USA*

a) *Securities and Exchange Commission (SEC)*

Die Aufsicht über den Kapitalmarkt der USA liegt bei der Securities and Exchange Commission (SEC). Sie wurde im Jahre 1934 durch den US-amerikanischen Kongress zur Beaufsichtigung des Wertpapierhandels gegründet[618]. Die SEC hat umfassende Aufsichts- und Rechtssetzungsbefugnisse. Zu ihren Aufgaben zählt unter anderem die Einleitung aufsichtsrechtlicher Untersuchungen, die im Falle von Verstößen gegen die securities laws neben verwaltungsrechtlichen Sanktionen und Strafverfahren insbesondere auch zivilrechtliche Verbotsverfügungen

---

613 KK-WpHG/ Möllers/ Leisch, §§ 37 b, 37 c Rn. 5.
614 KK-WpHG/ Möllers/ Leisch, §§ 37 b, 37 c Rn. 2.
615 KK-WpHG/ Möllers/ Leisch, §§ 37 b, 37 c Rn. 5, 214.
616 KK-WpHG/ Möllers/ Leisch, §§ 37 b, 37 c Rn. 214; BT-Drs. 14/8017, S. 93.
617 KK-WpHG/ Möllers/ Leisch, §§ 37 b, 37 c Rn. 214 f.
618 KK-WpHG/ Hirte/ Heinrich, Einl. Rn. 130; Wiemann, S. 26; Bloomenthal, vol. 1, S. 2.

zum Gegenstand haben können. Außerdem überwacht die SEC den Wertpapierverkehr und prüft Registrierungsanträge[619]. Neben diesen aufsichtsrechtlichen Tätigkeiten verfügt die SEC über ein selbständiges Rechtsverordnungsrecht[620]. Die SEC untergliedert sich in sogenannte Divisionen, Divisions, denen spezifische Aufgabenbereiche übertragen wurden. Maßgeblich hier ist die Division of Enforcement.

Bei den Gesetzen, deren Einhaltung und Vollzug die SEC überwacht, handelt es sich um den Securities Act von 1933, den Securities Exchange Act von 1934, den Trust Indenture Act von 1939, den Investment Company Act von 1940, den Investment Advisers Act von 1940, den Sarbanes-Oxley Act von 2002[621].

Neben den bundesrechtlichen Regelungen auf dem Gebiet der Kapitalmarktüberwachung haben auch die Einzelstaaten Vorschriften zum Schutz des Anlegerpublikums geschaffen, die so genannten „blue sky-laws"[622]. Bei diesen handelt es sich um Gesetze der Bundesstaaten, die im Wesentlichen dazu dienen, die Anleger vor betrügerischem Verhalten am Kapitalmarkt zu schützen[623]. Der Name dieser Gesetze ist auf ihren ursprünglichen Zweck zurückzuführen, „spekulative Machenschaften zu überwachen, die keine andere Grundlage haben als einige Quadratmeter blauen Himmels." Erstmalig soll Justice McKenna am United States Supreme Court diesen Begriff in der Entscheidung Hall vs. Geiger-Jones Co., 242 U.S. 539 (1917) verwendet haben[624].

b) Handlungsbefugnisse der SEC

Bedingt durch ihre aufsichtsrechtlichen Befugnisse kann die SEC ebenso wie die BaFin einschreiten, wenn sie einen Verdacht hat, dass ein Verstoß gegen die Vorschriften des Kapitalmarktrechts vorliegen könnte. Die Ermächtigungsgrundlage für ein Tätigwerden bildet Sec. 21 (a) (1) des Securities Exchange Act. Darin heißt es:

> „The Commission may, in its discretion, make such investigations as it deems necessary to determine whether any person has violated, is violating, or is about to violate any provision of this title, the rules or regulations thereunder, the rules of a national securities exchange or registered securities association of which such person is a member or a

619 KK-WpHG/ Hirte/ Heinrich, Einl. Rn. 130; Wiemann, S. 26; Bloomenthal, vol. 1, S. 2 f.

620 Wiemann, S. 29; Bloomenthal, vol. 1, S. 2 f.

621 www.sec.gov/about/laws/shtml; Wiemann, S. 25 ff., 29; Bloomenthal, vol. 1, S. 8 f.

622 KK-WpHG/ Hirte/ Heinrich, Einl. Rn. 131; Wiemann, S. 27.

623 Bloomenthal, vol. 2, S. 28; Wiemann, S. 27 f.

624 KK-WpHG/ Hirte/ Heinrich, Einl. Rn. 131 Fn. 367.

person associated with a member, the rules of a registered clearing agency in which such person is a participant, the rules of the Public Company Accounting Oversight Board, of which such person is a registered public accounting firm or a person associated with such a firm, or the rules of the Municipal Securities Rulemaking Board, and may require or permit any person to file with it a statement in writing, under oath or otherwise as the Commission shall determine, as to all the facts and circumstances concerning the matter to be investigated. The Commission is authorized in its discretion, to publish information concerning any such violations, and to investigate any facts, conditions, practices, or matters which it may deem necessary or proper to aid in the enforcement of such provisions, in the prescribing of rules and regulations under this title, or in securing information to serve as a basis for recommending further legislation concerning the matters to which this title relates."

Zusammengefasst räumt diese Vorschrift der SEC die Ermessensentscheidung ein, Ermittlungen dahingehend einzuleiten, ob Verstöße gegen Gesetze, für deren Überwachung und Vollzug sie zuständig ist, begangen wurden, gerade begangen werden oder kurz davor stehen, begangen zu werden[625].

c) Vorgehen der SEC nach Abschluss der Untersuchungen

Sofern die SEC nach dem Abschluss ihrer Ermittlungen zu dem Schluss gelangt, dass ein Verstoß gegen kapitalmarktrechtliche Vorschriften vorliegt, hat sie zwei sich nicht ausschließende Möglichkeiten, den Verstoß zu ahnden. Es handelt sich um die administrative proceedings und um die civil court Actions.

aa) Administrative Proceedings

Eine Möglichkeit besteht darin, administrative proceedings gegen den Betroffenen einzuleiten. Das bedeutet, dass das Ermittlungsergebnis einem Administrative Law Judge (ALJ) vorgelegt wird. Bei diesem handelt es sich um einen von der SEC unabhängigen Beamten, der jedoch in der SEC angesiedelt ist. Der ALJ beraumt zunächst eine Anhörung des Betroffenen an. In dieser bewertet er sowohl die von der Enforcement Division gesammelten Beweise als auch diejenigen, die der Betroffene selbst vorgebracht hat. Im Anschluss an die Anhörung erlässt der ALJ eine initial decision. Diese beinhaltet eine Sachverhaltsdarstellung und die Rechtsfolgen. Der ALJ legt die initial decision der SEC vor. Diese kann die Entscheidung bestätigen, zurücknehmen oder weitere Anhörungen anordnen. Sowohl der Betroffene als auch die Division of Enforcement können Rechtsmittel gegen die initial decision bei der SEC einlegen[626].

---

625 Loss/ Seligman, S. 1480.

626 www.sec.gov/about/whatwedo.shtml

aaa) Pretrial discovery nach den SEC Rules

Bedingt durch die Rechtssetzungskompetenz[627] der SEC kann sie die kapitalmarktrechtlichen Gesetze durch den Erlass von Verwaltungsvorschriften (Rules) konkretisieren. Das Ziel dieser Rules ist es, eine einheitliche Überwachung des Kapitalmarkts zu erreichen[628]. Die Rules enthalten auch Regelungen zur Durchführung der pretrial discovery. So kann die SEC im Rahmen von administrative proceedings zur Vorlage bestimmter Dokumente verpflichtet werden. Aufgrund von Änderungen der Rules im Jahre 2004 sind die zunächst sehr weit greifenden Vorlageverpflichtungen der SEC wieder geschmälert worden[629]. Gemäß Rule 230 (a) ist die SEC verpflichtet, Niederschriften und Dokumente, die sie im Zuge ihrer Ermittlungen im Hinblick auf mögliche kapitalmarktrechtliche Verstöße erhalten hat, der Partei zur Verfügung zu stellen[630].

Diese nach Rule 230 (a) bestehende Vorlageverpflichtung erfährt eine Einschränkung durch Rule 230 (b). Danach darf die SEC bestimmte Dokumente zurückhalten. Es handelt sich um privilegierte Dokumente wie interne Erinnerungsnachrichten, Notizen oder Schriftsätze, die ein Angestellter der SEC gefertigt hat, die aber nicht als Beweismittel eingeführt werden sollen. Ebenfalls von der Vorlageverpflichtung ausgenommen sind solche Dokumente, die der attorney work product-Regel unterfallen und solche, bei deren Offenlegung eine vertrauliche Quelle preisgegeben würde[631]. Um einen Missbrauch dieser Rule zu unterbinden, kann sich der Anhörungsbeamte gemäß Rule 230 (c) die Dokumente im vorgenannten Sinne vorlegen lassen und prüfen, ob Rule 230 (b) tatsächlich auf sie anwendbar ist[632].

bbb) Vergleich der pretrial discovery in administrative proceedings mit der nach den FRCP

Der Hauptunterschied zwischen einer pretrial discovery nach den FRCP und derjenigen im Rahmen von administrative proceedings besteht in einer Vertauschung der Rollen der primär mit der pretrial discovery belasteten Partei. Im Zivilprozess nach den FRCP ist zuerst der Beklagte zur Dokumentenvorlage verpflichtet. Im Rahmen von administrative proceedings hingegen ist die SEC

627 Robinson/ Gellhorn/ Bruff, S. 35 f.
628 Bloomenthal, vol. 1, S. 2.
629 Bloomenthal, vol. 2, S. 1076.
630 Bloomenthal, vol. 2, S. 1076 f.
631 Bloomenthal, vol. 2, S. 1078 f.
632 Bloomenthal, vol. 2, S. 1079.

die mit der Vorlage belastete Partei[633]. Der Grund für diese Rollenumkehrlung liegt darin, dass der SEC bereits vor der Anhörung der Partei durch die von ihr geführten Ermittlungen eine Vielzahl von Unterlagen zur Verfügung steht[634].

Ein zweiter großer Unterschied besteht in dem Umfang, in dem Dritte zur Vorlage verpflichtet werden können. Bei den administrative proceedings können Dritte nur in sehr geringem Umfang zur Vorlage verpflichtet werden[635]. Beispielsweise bedeutet dies in Bezug auf depositions, dass sie nur nach Anordnung und Genehmigung durch den Administrative Law Judge durchgeführt werden dürfen[636].

bb) Civil Court Actions

Neben oder alternativ zu den administrative proceedings kann die SEC im Rahmen der sogenannten civil court actions vor einem Zivilgericht die Verhängung einer Sanktion gegen den Betroffenen beantragen. In vielen Fällen strebt die SEC den Erlass einer einstweiligen Verfügung (injunction) an, die es dem Betroffenen untersagt, weitere Handlungen vorzunehmen, die die von der Kommission zu überwachenden Gesetzesvorschriften verletzen. Darüber hinaus kann die SEC die Verhängung von Geldstrafen oder die Ausschüttung des auf illegale Weise erlangten Gewinns beantragen[637].

d) Verhältnis Investor – Unternehmen

Für einen privaten Investor ergeben sich aus den von der SEC festgestellten Verstößen gegen die kapitalmarktrechtlichen Vorschriften keine unmittelbaren Folgen.

Im Kapitalmarktrecht ist nicht nur auf das Verhältnis zwischen der Aufsichtsbehörde und dem Unternehmen abzustellen. Ebenso bedeutsam ist das Verhältnis zwischen dem privaten Investor und dem Unternehmen. Für den einzelnen Investor resultiert aus den aufsichtsrechtlichen Maßnahmen der SEC keine Wiedergutmachung seines möglicherweise erlittenen Schadens. Der Investor kann zum Beispiel durch die Verletzung der Verpflichtung zur Ad hoc-Publizität einen Schaden erlitten haben. Der daraus möglicherweise entstandene Schadensersatzanspruch könnte beispielsweise auf Sec. 10 (b) Securities Exchange Act

---

633 Bloomenthal, vol. 2, S. 1079.
634 Bloomenthal, vol. 2, S. 1079.
635 Bloomenthal, vol. 2, S. 1079.
636 Bloomenthal, vol. 2, S. 1079 f.; www.sec.gov/about/whatwedo.shtml.
637 www.sec.gov/about/whatwedo/shtml.

i.V.m. Rule 10 b-5 oder auch auf Sec. 18 (a) Securities Exchange Act gestützt werden und im Wege einer zivilrechtlichen Schadensersatzklage verfolgt werden.

Die Klage muss sich gegen das Unternehmen richten, dem der Verstoß gegen die kapitalmarktrechtlichen Vorschriften vorgeworfen wird. Die Klage wird erfolgreich sein, wenn der Kläger ausreichend Tatsachen vortragen kann, die den Verstoß gegen die kapitalmarktrechtlichen Vorschriften begründen können. In den meisten Fällen wird der Investor jedoch keinen Einblick in die Interna des Unternehmens haben. Er ist deshalb darauf angewiesen, sich diejenigen Informationen, die er zum Nachweis seines Schadensersatzanspruchs benötigt, von dem Beklagten, also dem Unternehmen, zu beschaffen.

e) Private Securities Litigation Reform Act (PSLRA) und pretrial discovery

Mit der Einführung des Private Securities Litigation Reform Act (PSLRA) verfolgte der Gesetzgeber in den USA vor allem zwei Ziele.

Einerseits sollte es im Rahmen der class actions (Sammelklagen) in Betrugsfällen ermöglicht werden, einen Hauptkläger (lead plaintiff) nach einem ganz bestimmten Verfahren auszuwählen. Dies geschah vor dem Hintergrund, das „Wettrennen zu Gericht“ (race to the courthouse) zu unterbinden, mit dem sich die Anwälte zu bereichern versuchten[638].

Andererseits sollte mit dem PSLRA die Durchführung der discovery eingeschränkt werden, um eine Flut an Klagen von geschädigten privaten Investoren zu verhindern[639].

In Sec. 27 (b) (1) schreibt der PSLRA vor, dass „bei jeder privaten Klage nach den Vorschriften des PSLRA die pretrial discovery während der Anhängigkeit eines Klageabweisungsantrags (motion to dismiss) ausgesetzt werden soll, es sei denn, das Gericht hält es aufgrund des Antrags einer Partei für erforderlich, dass ganz bestimmte pretrial discovery (particularized pretrial discovery) notwendig ist, um dem Verlust von Beweismitteln vorzubeugen oder um die unangemessene Benachteiligung einer Partei zu verhindern“[640]. Bei motions handelt es sich um Anträge. Mit ihnen werden prozessuale und formelle Einwendungen gegen die Klage geltend gemacht[641]. Materielle Einwendungen werden im Rahmen der

638 Bloomenthal, vol. 2, S. 596.

639 Bloomenthal, vol. 2, S. 622 ff.

640 PSLRA Sec. 27 (b) (1): *"In any private action arising under this title, all pretrial discovery shall be stayed during the pendency of any motion to dismiss, unless the court finds upon the motion of any party that particularized pretrial discovery is necessary to preserve evidence or to prevent undue prejudice to that party."*

641 Böhm, Rn. 350.

Klageerwiderungsschrift (answer) erhoben[642]. Über die motions wird in einem Zwischenverfahren aufgrund des Vorbringens des Antragsstellers und der Erwiderung des Antragsgegners und regelmäßig nach mündlicher Verhandlung lange Zeit vor dem Beginn der Hauptverhandlung entschieden[643]. Eine motion to dismiss ist stets auf die Abweisung der Klage gerichtet. Die Klage kann aufgrund einer motion to dismiss sowohl als unzulässig abgewiesen werden als auch weil es an der Schlüssigkeit der Klage fehlt[644]. Die motion to dismiss eröffnet so die Möglichkeit, einen Rechtsstreit in einem frühen Stadium, insbesondere vor der Durchführung der langwierigen pretrial discovery, zu beenden.

aa) Pretrial discovery nach Abweisung des Klageabweisungsantrags

Die Frage nach dem Ausmaß der pretrial discovery im Rahmen einer Klage nach dem PSLRA hängt davon ab, ob schon über den Klageabweisungsantrag entschieden wurde. Sobald das Gericht diesen abgelehnt hat, sind die allgemeinen pretrial discovery-Regeln nach den FRCP anwendbar[645].

bb) Pretrial discovery während der Anhängigkeit des Klageabweisungsantrags

Komplizierter verhält es sich mit der pretrial discovery, wenn der Klageabweisungsantrag noch nicht beschieden wurde. In der Regel darf bis dahin keine pretrial discovery stattfinden. Der Klageabweisungsantrag ist für den Beklagten regelmäßig mit nur einem minimalen Risiko insofern verbunden, als das Gericht ihn mit Sanktionen belegen kann, wenn er den Klageabweisungsantrag leichtfertig gestellt hat[646].

Trotz des grundsätzlichen Verbots der Durchführung von pretrial discovery in diesem Verfahrensstadium sieht der PSLRA Ausnahmensituationen vor[647]. Nach diesen Ausnahmen ist die Durchführung der pretrial discovery vor der Entscheidung über den Klageabweisungsantrag zulässig, wenn sie dem Zweck dient, entweder Beweismittelverlusten vorzubeugen oder wenn die klägerische Partei ansonsten unangemessen benachteiligt werden würde[648].

642 Böhm, Rn. 340.
643 Böhm, Rn. 350.
644 Byrd, S. 397; Schack, Rn. 101; Böhm, Rn. 366.
645 Bloomenthal, vol. 2, S. 622 f.
646 Bloomenthal, vol. 2, S. 622.
647 Bloomenthal, vol. 2, S. 622 f.
648 Bloomenthal, vol. 2, S. 623.

Um die sehr restriktiv gehandhabte Ausnahmevorschrift zur Vorbeugung des Verlusts von Beweismitteln auslösen zu können, muss der Kläger das Gericht davon überzeugen, dass Beweismittel vernichtet werden könnten, sofern das Gericht der Durchführung der pretrial discovery nicht sofort zustimmt[649]. Ein Rückblick auf das Kapitel zur historischen Rechtslage und dort insbesondere auf den Beweis zum ewigen Gedächtnis (probatio in perpetuam rei memoriam) zeigt an dieser Stelle eine Parallele. Immer dann, wenn der Verlust von Beweismitteln drohte, war es möglich, eine Urkunde herzustellen, um dem Beweismittelverlust vorzubeugen.

Nach der aktuellen Rechtslage konnten bisher zwei Konstellationen festgestellt werden, in denen dies dem Kläger gelingen kann. Einerseits kann die Ausnahme herangezogen werden, wenn der Beklagte einen Hang dazu hat, sich gesetzeswidrig zu verhalten. Eine zweite Möglichkeit besteht darin, dass der Kläger glaubhaft macht, ein potentieller Zeuge befinde sich in einem so schlechten Gesundheitszustand, dass seine deposition vor der Entscheidung über den Klageabweisungsantrag angefertigt werden muss, um sie überhaupt noch erhalten zu können[650].

Die Wahrscheinlichkeit, eine pretrial discovery zum Erhalt von Beweismitteln durchzuführen, ist niedrig. Denn eine unangemessene Benachteiligung des Klägers, sofern keine pretrial discovery erfolgen darf, wird sehr schwer nachzuweisen sein[651]. Erforderlich für diesen Nachweis ist, dass die Ziele, die mit der pretrial discovery verfolgt werden, präzisiert werden und sich nicht in vagen und unsubstantiierten Aussagen erschöpfen[652]. Der Gesetzgeber beabsichtigte mit dieser Ausnahmeregel, den Unternehmen einen Schutzschild gegen Betrugsvorwürfe immer dort zu verwehren, wo die Investoren ein berechtigtes Interesse an einer pretrial discovery zur Aufklärung des Sachverhalts haben[653]. Dennoch vermag dies nichts daran zu ändern, dass die Beurteilung, was unter einer unangemessenen Benachteiligung zu verstehen ist, in dem Ermessen des zuständigen Richters liegt[654].

---

649 Bloomenthal, vol. 2, S. 624.

650 In re Rational Software Sec. Litig., 28 F. Supp. 2d 562 (N.D. Cal. 1998; Vacold LLC v. Cerami, 2001 (S.D.N.Y. 2001); Bloomenthal, vol. 2, S. 624.

651 Bloomenthal, vol. 2, S. 624.

652 Bloomenthal, vol. 2, S. 624.

653 Bloomenthal, vol. 2, S. 624.

654 Bloomenthal, vol. 2, S. 624.

f) *Zivilrechtlicher Schutz der Anleger in den USA und Deutschland*

Die vorstehenden Passagen haben gezeigt, dass die pretrial discovery im Kapitalmarktrecht der USA in unterschiedlichen Konstellationen relevant werden kann. Einerseits kann sie im Verhältnis eines von Ermittlungen durch die SEC Betroffenen vorkommen. Darüber hinaus spielt sie eine Rolle in der Beziehung zwischen einem privaten Investor und einem verklagten Unternehmen. Das Bedürfnis für die pretrial discovery in diesen Konstellationen lässt sich wie folgt begründen:

Im Rahmen der Ermittlungen der SEC findet eine Aufklärung des Sachverhalts hinsichtlich der Verstöße gegen die Vorschriften des Kapitalmarktrechts statt. Die Ermittlungen der SEC betreffen das Verhältnis zwischen demjenigen, gegen den die SEC ermittelt und der SEC selbst. Der Zweck dieser Ermittlungen der SEC besteht in der Aufrechterhaltung des Vertrauens in den Kapitalmarkt. Er zielt nicht unmittelbar auf den Anlegerschutz ab. Die Konsequenz daraus ist, dass das Interesse eines möglicherweise geschädigten privaten Investors durch das Einschreiten der SEC möglicherweise nicht vollständig kompensiert wird. Er kann einen Ausgleich seines Schadens nur durch eine zivilrechtliche Schadensersatzklage erreichen, die sich nach den Voraussetzungen des PSLRA richtet.

Nach den Vorschriften des PSLRA kann pretrial discovery gegen das Unternehmen in vollem Umfang betrieben werden, wenn der Klageabweisungsantrag abgewiesen wurde. Ab diesem Zeitpunkt besteht für den Kläger die Möglichkeit, eine umfängliche Tatsachenaufklärung zu bewirken und somit im Ergebnis seinen Schadensersatzanspruch nachzuweisen. Für den Bereich des Kapitalmarktrechts gilt, dass sich der Kläger einem mächtigen Beklagten gegenüber sieht. Insbesondere in derartigen Konstellationen ist der Kläger in ganz besonderem Maße auf die Vorlage von Dokumenten durch den Beklagten angewiesen. Denn die Informationen, die er zum Nachweis seines Schadensersatzanspruchs benötigt, befinden sich im Kenntnis- und im Herrschaftsbereich des Beklagten. Gäbe es in diesem Fall gar keine pretrial discovery, wäre die Sachverhaltsaufklärung und damit der Nachweis des klägerischen Anspruchs kaum zu verwirklichen.

Trotz des Fehlens der pretrial discovery sind auch die Anleger auf dem deutschen Kapitalmarkt geschützt. So kann ein privater Investor Schadensersatz einklagen, wenn eine Verletzung kapitalmarktrechtlicher Vorschriften vorliegt. Schadensersatzansprüche enthalten, wie im Länderbericht zu Deutschland vorgestellt, zum Beispiel die §§ 37 b, und 37 c WpHG. Mittels der Beweislastumkehr der genannten Vorschriften wird der Schutz der Anleger in Deutschland sicher gestellt. In den USA wird der Kläger durch die nach dem PSLRA geregelten besonderen Klagearten geschützt und durch die pretrial discovery, die in diesem Rahmen zumindest eingeschränkt möglich ist.

g) Kapitalmarktrecht als Sonderfall der funktionalen Äquivalenz

Nach den vorstehenden Ausführungen stellt sich die Frage, ob der Nachweis der funktionalen Äquivalenz für den Bereich des Kapitalmarktrechts gelingen kann oder ob das Kapitalmarktrecht vielmehr als Sonderfall einzuordnen ist.

Sowohl in Deutschland als auch in den USA existieren mit der BaFin und der SEC zwei mächtige Behörden, die den Kapitalmarkt schützen und denen dazu umfangreiche Aufklärungsmittel und Eingriffsbefugnisse zur Verfügung stehen. Beide Behörden sollen primär das Vertrauen in den Kapitalmarkt sichern. Weder die Ermittlungen durch die SEC noch die Verfolgung von Ordnungswidrigkeiten durch die BaFin dienen unmittelbar dem Schutz privater Investoren.

Diejenigen Funktionen, die die pretrial discovery in einem Zivilverfahren insofern übernimmt, als sie ein Instrument zum Ausgleich von Defiziten des US-amerikanischen Strafverfahrens im Bereich des Opferschutzes darstellt, kommen ihr im Kapitalmarktrecht nicht bzw. nicht im gleichen Umfang zu.

Die pretrial discovery ist im Kapitalmarktrecht also einerseits als Sonderfall einzustufen, weil die SEC auch außerhalb eines angestrengten Zivilprozesses über umfangreiche Eingriffs- und Untersuchungsbefugnisse verfügt und somit Sachverhaltsaufklärung betreiben kann. Im Gegensatz zur Strafverfolgung durch die Polizei oder die Staatsanwaltschaft liegen keine Anhaltspunkte dahingehend vor, dass die SEC aufgrund eines weiten Ermessensspielraums oder politischer Prioritäten von der Aufklärung eines Sachverhalts absehen könnte. Sofern also die reine Aufklärung eines Sachverhalts betroffen ist, wird deutlich, dass ein privater Investor die pretrial discovery nicht braucht. Denn die Aufklärung erfolgt ebenso wie in Deutschland durch den Staat.

Andererseits wurde gezeigt, dass ein privater Anleger im Kapitalmarktrecht nach den Vorschriften des PSLRA nur in sehr eingeschränktem Umfang eine pretrial discovery gegen das verklagte Unternehmen betreiben kann. Denn pretrial discovery ist solange nicht möglich, wie der Klageabweisungsantrag (motion to dismiss) anhängig ist. Diese Konstellation lässt erkennen, dass der sonst so stark gewichtete Schutz des Klägers in den Hintergrund tritt. Dieses Ergebnis scheint deswegen für das US-amerikanische Rechtsempfinden erträglich zu sein, weil die SEC den Sachverhalt bereits aufgeklärt hat. Der Ausgleich etwaiger Unzulänglichkeiten in der Sachverhaltsermittlung wie im Bereich der US-amerikanischen Strafverfolgung erweist sich damit für den Bereich des Kapitalmarktrechts als obsolet.

IV. Erforderlichkeit der pretrial discovery in den USA

Die vorstehenden Ausführungen bestätigen das Bedürfnis für die Durchführung einer pretrial discovery in den USA in bestimmten Rechtsgebieten. Würden die

Amerikaner auf die pretrial discovery verzichten, bestünden keine Kompensationsmöglichkeiten für unterbliebene staatliche Tatsachenaufklärung im Bereich der allgemeinen Strafverfolgung sowie bei der Tätigkeit von Sachverständigen bei Gericht. Insoweit erscheint eine pretrial discovery unerlässlich, um das allgemeine Rechtsempfinden nicht zu stören. Die pretrial discovery greift in den USA immer dort als Kompensationsmechanismus ein, wo seitens des Staates keine Aufsichts- bzw. keine Handlungspflichten definiert sind bzw. wo diese nicht als ausreichend erachtet werden[655].

655 Vgl. dazu Stürner, Bitburger Gespräche, S. 11, 16, 18; Carrington, Bitburger Gespräche, S. 33 f.

Kapitel 6: Gesamtergebnis/ Ausblick

§ 1 Gesamtergebnis

Die Untersuchung hat gezeigt, wie sich die Methoden zur Aufklärung des Sachverhalts im deutschen und im US-amerikanischen Zivilprozess unterscheiden. Dies gilt insbesondere für die Pflichten zur Dokumentenvorlage. Während diese im US-amerikanischen Zivilprozess mittels der pretrial discovery in großem Umfang verlangt werden kann, sind die Dokumentenvorlageverpflichtungen im deutschen Zivilprozess eher restriktiv und an strengere Voraussetzungen gebunden. Dennoch gelingt eine Sachverhaltsaufklärung in beiden Rechtssystemen gut. In Deutschland kann auf die Durchführung der pretrial discovery verzichtet werden, weil das deutsche Rechtssystem andere Mechanismen bereit stellt, die dazu geeignet sind, das Fehlen der pretrial discovery und die mit ihr verfolgten Zwecke zu kompensieren. Einerseits wird das Fehlen der pretrial discovery zum Teil dadurch ausgeglichen, dass sich der Kläger im deutschen Zivilprozess die Ergebnisse eines zuvor nach der Untersuchungsmaxime geführten Strafverfahrens zunutze machen kann. Zudem kommt einem Kläger in Deutschland die Unparteilichkeit der Sachverständigen bei der bestmöglichen Aufklärung des Sachverhaltes zugute. Diese Kompensationsmechanismen dienen zum Nachweis der funktionalen Äquivalenz. In Deutschland und in den USA werden sehr unterschiedliche Mittel zur Aufklärung des Sachverhalts im Zivilprozess herangezogen. Im Ergebnis gelingt es jedoch in beiden Ländern, den Sachverhalt umfassend zu eruieren und somit einer Gerichtsentscheidung zugrunde legen zu können.

Das Kapitalmarktrecht hat sich als Sonderfall erwiesen, in dem die pretrial discovery des privaten Investors gegen ein Unternehmen nach dem PSLRA stark eingeschränkt wurde.

Im Rahmen der funktionalen Analyse erforderten die Unterschiede in der Art und Weise der Sachverhaltsaufklärung eine wertfreie Betrachtung. Die Durchführung der pretrial discovery im US-amerikanischen Zivilprozess sollte unter zwei wesentlichen Gesichtspunkten betrachtet werden. Einerseits war ihre Funktion vor dem Hintergrund des due process-Grundsatzes zu berücksichtigen. Andererseits war herauszustellen, dass die weiteren mit der pretrial discovery verfolgten Funktionen im deutschen Rechtssystem ein Pendant finden.

Der due process-Grundsatz mit seiner positiven, negativen und seiner wahrheitsfindenden Funktion markiert die wesentlichen Elemente für das Gerechtigkeitsempfinden der Amerikaner. Er symbolisiert ein Lossagen von zu starkem staatlichen Einfluss und überbordender staatlicher Kontrolle. Dadurch gewährt er den Bürgern die Möglichkeit, aktiv an einem Rechtsstreit zu partizipieren. Dieser geringe staatliche Einfluss im Bereich des US-amerikanischen Zivilprozessrechts ist es, der die Schlussfolgerung erlaubt, dass die Funktionen der pretrial discovery in Deutschland durch einen wesentlich größeren staatlichen Einfluss ausgeglichen werden.

Der Grund, warum die Amerikaner an der pretrial discovery festhalten, liegt sowohl in deren psychologischer als auch wirtschaftlicher Funktion begründet. Sowohl der mittels ihrer Durchführung umgesetzte due process-Grundsatz als auch das Interesse der US-amerikanischen Rechtsanwaltschaft fördern die Akzeptanz der pretrial discovery bis heute in erheblichem Ausmaß.

§ 2 Auswirkungen der funktionalen Äquivalenz auf den deutsch-amerikanischen Justizkonflikt

Die funktionale Betrachtungsweise sollte einen Anreiz dazu liefern, die Durchführung der pretrial discovery im Vergleich zur deutschen zivilprozessualen Sachverhaltsaufklärung wertfrei zu betrachten. Ob sie dazu beitragen kann, die im kontinental europäischen Raum vorherrschende Ablehnung gegen sie abzulösen, mag dahingestellt bleiben. Von Bedeutung ist hier vielmehr die Frage, ob die funktionale Äquivalenz einen Beitrag zur Entschärfung des deutsch-amerikanischen Justizkonfliktes liefern könnte und damit auch Auswirkungen auf die Anerkennung und Vollstreckung von Urteilen haben könnte, denen eine pretrial discovery vorausgegangen ist.

Die wichtigste deutsche Rechtsprechung hat sich bisher wie folgt zu der Durchführung einer pretrial discovery gegen deutsche Beklagte positioniert:

I. Rechtsprechung des Bundesgerichtshofs

Nach Ausführungen des Bundesgerichtshofs hindert „die Tatsache allein, daß einem US-amerikanischen Urteil eine pretrial discovery vorausgegangen ist, dessen Anerkennung in Deutschland nicht“[656]. Die Durchführung einer pretrial discovery begründet für sich allein noch keinen Verstoß gegen den ordre public-Vorbehalt des § 328 I Nr. 4 ZPO. Die reine Möglichkeit, dass durch die Durchführung der pretrial discovery ein Verstoß gegen das Ausforschungsverbot begangen werden könnte, reicht für die restriktiv auszulegende ordre public-Klausel nicht aus. Vielmehr ist die Gesamtrechtsordnung zu berücksichtigen. Das bedeutet, dass in die Überlegungen diejenigen Gesichtspunkte einzubeziehen sind, die es

656 BGHZ 118, 312 (323).

deutschen Parteien ermöglichen, Auskünfte von der Gegenpartei zu erlangen. Darunter fallen sowohl die prozessualen als auch die materiellen Auskunftsansprüche[657] und damit auch die Vorlegungspflichten für Urkunden. In Kapitel 3 der Arbeit wurden die nach deutschem Recht bestehenden prozessualen und materiellen Editionspflichten vorgestellt. Dort hat sich gezeigt, dass es auch im deutschen Zivilprozessrecht eine Vielzahl von Möglichkeiten gibt, die Vorlage von Urkunden zu erreichen. Dazu zählen insbesondere die §§ 809 ff. BGB sowie die §§ 142 ff., 421 ff. ZPO.

II. Rechtsprechung des Bundesverfassungsgerichts

Die Rechtsprechung des Bundesverfassungsgerichts bezieht sich im Wesentlichen nicht auf die pretrial discovery, sondern vielmehr auf die Gestattung von punitive damages. Dennoch gehen aus den Urteilen auch Äußerungen zur pretrial discovery hervor[658], sodass sie auch für diese Untersuchung herangezogen werden können.

1. Entscheidung des Bundesverfassungsgerichts im Jahr 2003

In der Sache Napster/ Bertelsmann hatte das Bundesverfassungsgericht die Zustellung einer US-amerikanischen Sammelklage auf exorbitant hohen Schadensersatz im Wege eines einstweiligen Verfügungsverfahrens untersagt[659]. Durch die Rücknahme der Verfassungsbeschwerde durch die Bertelsmann AG konnte das Bundesverfassungsgericht in der Hauptsache nicht mehr entscheiden. Bis zum Zeitpunkt der im Folgenden dargestellten Entscheidung herrschte deswegen weitgehend Rechtsunsicherheit bezüglich der Zustellung US-amerikanischer Klagen an einen deutschen Beklagten[660].

2. Entscheidung des Bundesverfassungsgerichts im Jahr 2007

Das Bundesverfassungsgericht hatte im Jahr 2007 über einen typischen Sachverhalt im Bereich des deutsch amerikanischen Rechtsverkehrs zu befinden[661]. Das Gericht hat entschieden, dass eine Klage dann nicht zuzustellen sei, wenn mit ihr ein offensichtlicher Rechtsmissbrauch in Bezug auf die Durchführung

657 BGHZ 118, 312 (324).
658 BVerfGE 108, 238 (238); BVerfG, RIW 2007, 211.
659 BVerfGE 108, 238 (238 f.).
660 Hein, RIW 2007, 249 (251).
661 Hein, RIW 2007, 249 (251).

der pretrial discovery zu erwarten sei[662]. Ein solcher liegt nach Auffassung des Gerichts nur vor, wenn das mit der Klage verfolgte Ziel offensichtlich gegen unverzichtbare Grundsätze eines freiheitlichen Rechtsstaates verstieße[663]. In diesem Zusammenhang hat das Bundesverfassungsgericht ausgeführt, dass in der Zustellung einer Klage deshalb kein Verstoß gegen wesentliche Prinzipien der deutschen Rechtsordnung gesehen werden könnte, weil eine Grundrechtsverletzung nicht dadurch eintreten könne, dass möglicherweise eine pretrial discovery droht. Dies liege daran, dass vor Durchführung der pretrial discovery weitere Rechtshilfeentscheidungen von Hoheitsträgern getroffen werden müssten[664].

§ 3 Bewertung/ Ausblick

Sowohl die Entscheidung des Bundesgerichtshofs als auch die des Bundesverfassungsgerichts aus dem Jahr 2007 zeigen, dass die pretrial discovery nur dann einen Verstoß gegen Art. 13 HZÜ bzw. gegen § 328 I Nr. 4 ZPO darstellt, wenn durch die Zustellung bzw. durch die Anerkennung des Urteils fundamentale Werte der deutschen Rechtsordnung ausgehebelt werden würden. Gemeint sind damit insbesondere die Grundrechte[665]. In beiden Urteilen wurde festgestellt, dass die Durchführung der pretrial discovery an sich keinen Verstoß gegen den ordre public-Vorbehalt bildet.

Unter Berücksichtigung der Kernaussagen dieser Urteile, der Feststellung, dass es auch im deutschen Zivilprozessrecht eine nicht unerhebliche Anzahl von Editionspflichten gibt und der funktionalen Äquivalenz stellt sich also die Frage, ob bzw. inwieweit diese drei Aspekte Einfluss auf den deutsch-amerikanischen Justizkonflikt nehmen könnten. Existiert noch eine ausreichende Grundlage für die Annahme, die Durchführung der pretrial discovery könnte einen Verstoß gegen fundamentale Prinzipien der deutschen Rechtsordnung begründen?

Nach der funktionalen Analyse bildet die pretrial discovery in den USA ein erforderliches Rechtsinstrument, um solche Mechanismen, die im deutschen Zivilprozess auf andere Art und Weise erfüllt werden, wahrzunehmen. Beide Rechtssysteme verfolgen auf unterschiedliche Art und Weise ein identisches Ziel, nämlich bestmögliche Tatsachenaufklärung. Die Wege zur Erreichung dieses Ziels sind jedoch mitunter sehr unterschiedlich, wenngleich Überschneidungen existieren. Schnittstellen können insbesondere dort verortet werden, wo es

662 BVerfG RIW 2007, 211 (212).
663 BVerfG RIW 2007, 211 (212); BVerfGE 108, 238 (247); BVerfGE 91, 335 (343).
664 BVerfG RIW 2007, 211 (211, 213).
665 BVerfG RIW 2007, 211 (213).

auch im deutschen Zivilprozess eine nicht unerhebliche Anzahl sowohl materieller als auch prozessualer Vorlagepflichten gibt[666].

Reicht es aus, identische Ziele auf verschiedenen Wegen zu erreichen, um die Akzeptanz der pretrial discovery in Deutschland zu erhöhen und damit letztlich dem Justizkonflikt an Schärfe zu nehmen?

Letzten Endes ist die Akzeptanz der pretrial discovery eine Frage der Perspektive der betroffenen Nationen auf ihr eigenes Rechtssystem und ihr Rechtsempfinden. Deswegen sind in diesem Zusammenhang insbesondere die politische Geschichte und die tief verwurzelte Mentalität der Bürger der zwei Nationen zu berücksichtigen.

In dem Kapitel über die Funktionen der pretrial discovery wurde herausgestellt, dass diese für die US-amerikanische Rechtsanwaltschaft ein lukratives Geschäft bilden kann[667]. Andererseits konnte gezeigt werden, dass die Durchführung der pretrial discovery eng mit dem US-amerikanischen Verständnis vom Rechtssystem und insbesondere mit der Gewährung eines fairen Verfahrens (due process) verwoben ist.

Die Tatsache, dass Rechtsanwälte in den USA nicht unerheblich von der Durchführung einer pretrial discovery profitieren können, begründet wenig Hoffnung dafür, dass sich ihre Akzeptanz in Deutschland erhöht. Deutsche Unternehmen und Privatpersonen werden wahrscheinlich kaum bereit sein, sich dem hohen Zeit- und Kostenaufwand der pretrial discovery vor diesem Hintergrund zu beugen. Solange sich diese Funktion der pretrial discovery im Vordergrund hält, ist kaum damit zu rechnen, dass deutsche Parteien ihr gegenüber aufgeschlossen sein werden.

In diesem Aspekt zeigt sich, dass es um mehr geht als darum, das identische Ziel der bestmöglichen Tatsachenaufklärung auf unterschiedlichen Wegen zu erreichen. Das „wie" der Aufklärung und die damit verbundenen Konsequenzen sind aus psychologischer Sicht für das Rechtsempfinden der Betroffenen ebenso bedeutungsvoll wie die Sache an sich.

Sofern sich das Misstrauen der Deutschen darauf stützt, dass die pretrial discovery für US-amerikanische Rechtsanwälte ein lukratives Geschäft bilde, ist dem jedoch noch gegenüberzustellen, dass es in Deutschland verglichen mit den USA umgerechnet auf 100.000 Einwohner mehr als doppelt so viele Richter gibt[668]. Die Zahl der Richter in Deutschland ist deshalb wesentlich höher

666 BGHZ 118, 312 (324); vgl. zur Konvergenz der beiden Systeme Huber, S. 81 ff., insbesondere S. 332 ff.

667 Reitz, ZZP 104, 381 (391).

668 von Bargen, DRiZ 2010, 100 (100).

als in den USA, weil in Deutschland weitaus mehr zivilprozessuale Klagen von den Gerichten entschieden werden müssen. In den USA hingegen erledigen sich 90 % aller Rechtsstreitigkeiten bereits im vorprozessualen Stadium durch die Einschaltung von Rechtsanwälten[669]. Dies führt dazu, dass in Deutschland weitaus mehr Richter als in den USA beschäftigt werden müssen. Nutzt ein Zivilverfahren in den USA also im weitesten Sinne auch den Rechtsanwälten, schafft es in Deutschland eine nicht so geringe Anzahl an sicheren Arbeitsplätzen für die deutschen Richter.

Wenn unter Berücksichtigung dieses Aspekts die Einwände gegen die pretrial discovery abgemildert werden könnten, wäre vielleicht auch der Blick auf die durchaus positiven Mechanismen der pretrial discovery, wie zum Beispiel die Förderung der Waffengleichheit und die Ermöglichung einer positiven Beweisprognose für die nach ihrem Informationsstand unterlegene Partei, weniger verengt.

Ein veränderter Blickwinkel könnte dann vielleicht dazu beitragen, etwas mehr Objektivität in den Justizkonflikt hineinzutragen und Verständnis dafür zu entwickeln, warum die Amerikaner bis heute an der pretrial discovery festhalten. Letztlich wird es aber nicht gelingen, sämtliche Zweifel an dem US-amerikanischen Rechtssystem zu zerstreuen. Denn die unterschiedliche Geschichte der verschiedenen Nationen bedingt teilweise stark voneinander abweichende Mentalitäten im Hinblick auf das jeweilige Rechtssystem.

Dass Zweifel gegenüber dem fremden Rechtsystem wohl immer bestehen bleiben werden, kann aber kaum eine ausreichende Grundlage dafür bilden, die Anerkennung und Vollstreckung eines Urteils, dem eine pretrial discovery vorausgegangen ist, per se zu versagen. Denn dafür wäre ein Verstoß gegen fundamentale Rechtsprinzipien der deutschen Rechtsordnung erforderlich. Für die Anerkennung und Vollstreckung eines Urteils wird es demnach maßgeblich darauf ankommen, inwieweit die pretrial discovery Informationen zutage fördern konnte, die auch in einem deutschen Zivilprozess mithilfe der prozessualen und materiellen Auskunftsansprüche hätten offen gelegt werden müssen.

669 Böhm, Rn. 513; Schack, Rn. 146.

Literaturverzeichnis

Adloff, Daniel, Vorlagepflichten und Beweisvereitelung im deutschen und französischen Zivilprozess, Tübingen 2007 (zitiert: Adloff).

Albrecht, Josef Ambrosius Michael von, Die Ausbildung des Eventualprinzips im gemeinen Civilprocess, Marburg 1837 (zitiert: Albrecht).

Almendingen, Harscher Ludwig von, Ueber Urkundenedition und Argentarien: Ein Beytrag zur Geschichte des römischen Rechts mit einer Nutzanwendung für die practische Rechtskunde, in: Magazin für die Philosophie und Geschichte des Rechts und der Gesetzgebung (Grolmans Magazin), Band I, Nr. VII (1800), 281 ff. (zitiert: von Almendingen, Grolmans Magazin).

Aman, Alfred C.; Mayton, William T., Administrative Law, St. Paul, Minn. 1993 (zitiert: Aman/ Mayton).

Anhalt, Peter, Allgemeine Verfahrensgrundsätze und Ausforschungsbeweis, Tübingen 1966 (zitiert: Anhalt).

Assmann, Heinz-Dieter; Schneider Uwe H., Wertpapierhandelsgesetz, 6. Auflage, Köln 2012 (zitiert: Assmann/ Schneider/ Bearbeiter).

Baker, John H., An Introduction to English Legal History, 4. Auflage, Oxford 2002 (zitiert: Baker).

Bamberger, Heinz Georg; Roth, Herbert, Kommentar zum Bürgerlichen Gesetzbuch, Band 2, §§ 611–1296, 3. Auflage, München 2012 (zitiert: Bamberger/ Roth/ Bearbeiter).

Bargen, Jan Malte von, Die Rechtsstellung der Richterinnen und Richter in Deutschland - Teil 1, in: Deutsche Richterzeitung 2010, 100 ff. (zitiert: von Bargen, DRiZ 2010).

Baumbach, Adolf; Hopt, Klaus J., Handelsgesetzbuch, 36. Auflage, München 2014 (zitiert: Baumbach/ Hopt/ Bearbeiter).

–; Lauterbach, Wolfgang; Albers, Jan; Hartmann, Peter, Zivilprozessordnung mit Gerichtsverfassung und anderen Nebengesetzen, 74. Auflage, München 2016 (zitiert: Baumbach).

Bayer, Hieronymus von, Vorträge über den deutschen gemeinen ordentlichen Civilproceß, 10. Auflage, München 1869 (zitiert: von Bayer).

Beseler, Dora von; Jacobs-Wüstefeld, Barbara, Law Dictionary, English-German Englisch-Deutsch, 4. Auflage, Berlin, New York 1986 (zitiert: von Beseler/ Jacobs-Wüstefeld).

Bethmann-Hollweg, Moritz August von, Der germanisch-romanische Civilproceß im Mittelalter, Zweiter Band, Bonn 1873 (zitiert: Bethmann-Hollweg).

Blackstone, William Sir, Blackstone's Commentaries, vol. 1–5, Philadelphia 1803 (zitiert: Blackstone, vol.).

Blattner, Franz von, Inauguralabhandlung über die Edition gemeinschaftlicher Urkunden, besonders der Handelsbriefe, Würzburg 1827 (zitiert: von Blattner).

Bloomenthal, Harold S., Securities Law Handbook, Volume 1, Volume 2, 2008–2009 Edition (zitiert: Bloomenthal, vol.).

Böhm, Ulrike, Amerikanisches Zivilprozessrecht, Köln 2005 (zitiert: Böhm).

Böhmer, Christof, Spannungen im deutsch-amerikanischen Rechtsverkehr in Zivilsachen, in: Neue Juristische Wochenschrift 1990, 3049 ff. (zitiert: Böhmer, NJW 1990).

Bopp, Philipp, Über die Nothwendigkeit mit dem Urkundeneditions-Gesuch eine genaue Bezeichnung der zu edirenden Urkunde zu verbinden, in: Zeitschrift für Civilrecht und Proceß, Band V (1832), 140 ff. (zitiert: Bopp, Zeitschrift für Civilrecht und Proceß).

Browne, Denis, Ashburner's Principles of Equity, 2. Auflage, London 1933 (zitiert: Browne).

Buckland, William Warwick, Praetor and Chancellor, in: 13 Tulane Law Review (1939), 163 ff. (zitiert: Buckland, 13 Tulane L. Rev.).

Bühler, Josef, Die actio ad exhibendum, Luzern 1859 (zitiert: Bühler).

Bürge, Alfons, Zum Edikt De edendo, in: Zeitschrift der Savigny-Stiftung für Rechtsgeschichte 112 (1995), 1 ff. (zitiert: Bürge).

Bürgerliches Gesetzbuch mit besonderer Berücksichtigung der Rechtsprechung des Reichsgerichts und des Bundesgerichtshofs, Kommentar, Band II, 4. Teil, §§ 631–811, 12. Auflage, Berlin, New York 1978 (zitiert: BGB-RGRK/Bearbeiter).

Byrd, B. Sharon, Einführung in die Anglo-Amerikanische Rechtssprache, 3. Auflage, München, Wien, Bern 2011 (zitiert: Byrd).

Carrington, Paul D., The American Tradition of Private Law Enforcement, in: Bitburger Gespräche Jahrbuch 2003, hrsg. von der Stiftung Gesellschaft für Rechtspolitik, Trier und dem Institut für Rechtspolitik an der Universität Trier, München 2008 (zitiert: Carrington, Bitburger Gespräche).

Chayes, Abram, The Role of the Judge in Public Law Litigation, 89 Harvard Law Review (1976), 1281 ff. (zitiert: Chayes, 89 Harv. L. Rev.).

Dahlmanns, Gerhard J., Der Strukturwandel des deutschen Zivilprozesses im 19. Jahrhundert, Aalen 1971 (zitiert: Dahlmanns).

Danz, Wilhelm August Friedrich, Grundsätze des gemeinen, ordentlichen, bürgerlichen Prozesses, 2. Auflage, Stuttgart 1795 (zitiert: Danz).

Diestelkamp, Bernhard, in: Peter Oestmann, Zwischen Formstrenge und Billigkeit, Köln, Weimar, Wien 2009 (zitiert: Diestelkamp).

Dobie, Armistead M., Handbook of Federal Jurisdiction and Procedure, St. Paul 1928 (zitiert: Dobie).

Ebel, Hermann, Die Berufung im Zivilprozessrechtsreformgesetz, in: Zeitschrift für Rechtspolitik 2001, 309 ff. (zitiert: Ebel, ZRP 2001).

Eisenhardt, Ulrich, Deutsche Rechtsgeschichte, 6. Auflage, München 2013 (zitiert: Eisenhardt).

Erler, Adalbert; Kaufmann, Ekkehard, Handwörterbuch zur deutschen Rechtsgeschichte, Band 4, 25. Lieferung, Berlin 1990, Band 5, 33. Lieferung, Berlin 1998 (zitiert: Erler, Band).

Esser, Guido, Der Ausforschungsbeweis, Bonn 1969 (zitiert: Esser).

Farnsworth, E. Allan, An introduction to the Legal System of the United States, 4. Auflage, New York 2010 (zitiert: Farnsworth).

Friedenthal, Jack H.; Kane, Mary Kay; Miller, Arthur R., Civil Procedure, 3. Auflage, St. Paul, Minn. 1999 (zitiert: Friedenthal/ Kane/ Miller).

Fuchs, Andreas, Wertpapierhandelsgesetz, München 2009 (zitiert: Fuchs/ Bearbeiter).

Glück, Christian Friedrich, Ausführliche Erläuterung der Pandecten nach Hellfeld - ein Commentar, 22. Teil, erste Abteilung, Erlangen 1820 (zitiert: Glück, XXII).

Gmür, Rudolf; Roth, Andreas, Grundriss der deutschen Rechtsgeschichte, 14. Auflage, München 2014 (zitiert: Gmür, Roth).

Gray, Charles Montgomery, Copyhold, Equity, and the Common Law, Cambridge 1963 (zitiert: Gray).

Grimme, Rainer, Der Anspruch auf Einsichtnahme in (Vertrags-) Urkunden nach § 810 BGB, in: Juristische Arbeitsblätter 1985, 320 ff. (zitiert: Grimme, JA 1985).

Gruber, Peter; Kießling, Erik, Die Vorlagepflichten der §§ 142 ff. ZPO nach der Reform 2002 - Elemente der „discovery“ im neuen deutschen Gerichtsverfahren? –, in: Zeitschrift für Zivilprozeß 116 (2003), 305 ff. (zitiert: Gruber/ Kießling, ZZP 116).

Habscheid, Walter J. (Hrsg.), Der Justizkonflikt mit den Vereinigten Staaten von Amerika, Bielefeld 1987 (zitiert: Habscheid/ Verfasser).

Hale, Matthew Sir, The History of The Common Law of England, Chicago, London 1971 (zitiert: Hale).

Hannich, Rolf, Karlsruher Kommentar zur Strafprozessordnung, 7. Auflage, München 2013 (zitiert: KK/ Bearbeiter).

–; Meyer-Seitz, Christian; Engers, Martin, ZPO-Reform Einführung – Texte – Materialien, Köln 2002 (zitiert: Hannich).

Hay, Peter, Law of the United States, 3. Auflage, Bruylant, Brussels 2010 (zitiert: Hay/ Law).

–, US-Amerikanisches Recht, 6. Auflage, München 2015 (zitiert: Hay).

Heffter, August Wilhelm, System des römischen und deutschen Civil-Proceßrechts, 2. Ausgabe, Bonn 1843 (zitiert: Heffter).

Heidenberger, Peter, Der amerikanische Juryprozeß in Produkthaftungsfällen, in: Recht der Internationalen Wirtschaft 1982, 872 ff. (zitiert: Heidenberger, RiW 1982).

Hein, Jan von, BVerfG gestattet Zustellung einer US-amerikanischen Klage auf Punitive Damages – Entspannung im transatlantischen Justizkonflikt? Zugleich Besprechung von BVerfG, RIW 2007, 211, in: Recht der internationalen Wirtschaft 2007, 259 ff. (zitiert: Hein, RIW 2007).

Hellweg, August, Geschichtlicher Rückblick über die Entstehung der deutschen Civilprozeß-Ordnung, in: Archiv für die civilistische Praxis 61 (1878), 78 ff. (zitiert: Hellweg, AcP).

Hideo, Nakamura; Fasching, Hans W.; Gaul, Hans Friedhelm; Georgiades, Apostolos (Hrsg.), Festschrift für Kostas E. Beys dem Rechtsdenker in attischer Dialektik, Band 2, Athen 2003 (zitiert: Verfasser, FS Beys).

Hirte, Heribert; Möllers, Thomas M. J., Kölner Kommentar zum WpHG, 2. Auflage, Köln 2014 (zitiert: KK-WpHG/ Bearbeiter).

Hoeren, Thomas, Streitverkündung im selbständigen Beweisverfahren, in: Zeitschrift für Zivilprozeß 108 (1995), 343 ff. (zitiert: Hoeren, ZZP 108).

Holdsworth, William S., A History of English Law, Volume 1, London 1903 (zitiert: Holdsworth).

Huber, Stefan, Entwicklung transnationaler Modellregeln für Zivilverfahren am Beispiel der Dokumentenvorlage, Tübingen 2008 (zitiert: Huber).

James, Fleming, Discovery, in: 38 Yale Law Journal (1929), 746 ff. (zitiert: James, 38 Yale L. J.).

James, Fleming; Hazard, Geoffrey C.; Leubsdorf, John, Civil Procedure, 5. Auflage, New York 2001 (zitiert: James/ Hazard/ Leubsdorf).

Jauernig, Othmar, Bürgerliches Gesetzbuch, 16. Auflage, München 2015 (zitiert: Jauernig/ Bearbeiter).

–; Hess, Burkhard, Zivilprozessrecht, 30. Auflage, München 2011 (zitiert: Jauernig/ Hess).

Jescheck, Hans-Heinrich; Leibinger, Rudolf (Hrsg.), Funktion und Tätigkeit der Anklagebehörde im ausländischen Recht, 3. Folge, Band 6, 1. Auflage, Baden-Baden 1979 (zitiert: Jescheck/ Leibinger/ Verfasser).

Junker, Abbo, Discovery im deutsch-amerikanischen Rechtsverkehr, Heidelberg 1986 (zitiert: Junker).

Kane, Mary Kay, Civil Procedure in a Nutshell, 5. Auflage, St. Paul/ Minnesota 2003 (zitiert: Kane).

Kaser, Max, Römisches Privatrecht, Band 1, 2. Auflage, München 1971, Band 2, 2. Auflage München 1975 (zitiert: Kaser, Band).

Kaser, Max; Hackl, Karl, Das Römische Zivilprozessrecht, 2. Auflage, München 1997 (zitiert: Kaser/ Hackl).

Kersting, Mark Oliver, Der Schutz des Wirtschaftsgeheimnisses im Zivilprozeß, Bielefeld 1995 (zitiert: Kersting).

Kessler, Amalia D., Our Inquisitorial Tradition: Equity Procedure, Due Process, and the Search for an Alternative to the Adversarial, in: 90 Cornell Law Review (2005), 1181 ff. (zitiert: Kessler, 90 Cornell L. Rev.).

Kiethe, Kurt, Zulässigkeit von Beweisantritten bei Behauptungen auf Grundlage einer zivilrechtlichen Vermutungsbasis, in: Monatsschrift für Deutsches Recht 2003, S. 1325 ff. (zitiert: Kiethe, MDR 2003).

Koller, Ingo; Kindler, Peter; Roth, Wulf-Henning; Morck, Winfried, Handelsgesetzbuch, 8. Auflage, München 2015 (zitiert: K/ K/ R/ M/ Bearbeiter).

Krey, Volker, The Public Prosecution's Role in Criminal Proceedings under the Rule of Law, Trier 2009 (zitiert: Krey).

Langbein, John H., Historical Foundations of the Law of Evidence: A View from the Ryder Sources, in: 96 Columbia Law Review (1996), 1168 ff. (zitiert: Langbein, 96 Columbia L. Rev.).

–, The German Advantage in Civil Procedure, in: 52 The University of Chicago Law Review (1985), 823 ff. (zitiert: Langbein, 52 U. Chic. L. Rev).

Langdell, Christopher Columbus, Discovery under the Judicature Acts 1873, 1875 Part I, in: 11 Harvard Law Review (1897), 137 ff. (zitiert: Langdell, 11 Harv. L. Rev.).

Lange, Dieter G.; Black, Stephan F., Der Zivilprozeß in den Vereinigten Staaten. Ein praktischer Leitfaden für deutsche Unternehmen, Heidelberg 1987 (zitiert: Lange/ Black).

Linde, Justin, Lehrbuch des deutschen gemeinen Civilprocesses, 4. Auflage, Bonn 1835 (zitiert: Linde).

Loss, Louis; Seligman, Joel, Fundamentals Of Securities Regulation, 5. Auflage, New York 2004 (zitiert: Loss/ Seligman).

Lüpke, Tobias; Müller, Robert, „Pre-Trial Discovery of Documents“ und § 142 ZPO – ein trojanisches Pferd im neuen Zivilprozessrecht?, in: Neue Zeitschrift für das Recht der Insolvenz und Sanierung 2002, S. 588 ff. (zitiert: Lüpke/ Müller, NZI 2002).

Lutter, Marcus (Hrsg.), Festschrift für Ernst C. Stiefel zum 80. Geburtstag, München 1987 (zitiert: Verfasser, FS Stiefel).

Maitland, Frederic William, Equtiy – A Course of Lectures, Cambridge 1936, Neudruck 1969 (zitiert: Maitland).

–, The Forms of Action at Common Law – A Course of Lectures, Cambridge, London, New York, Melbourne 1936 (zitiert: Maitland, Forms of Action).

Mansel, Heinz Peter; Pfeiffer, Thomas; Kronke, Herbert; Kohler, Christian; Hausmann, Rainer (Hrsg.), Festschrift für Erik Jayme, Band I, München 2004 (zitiert: Verfasser, FS Jayme).

Martin, Christoph, Lehrbuch des teutschen gemeinen bürgerlichen Processes, 12. Auflage, Heidelberg 1838 (zitiert: Martin).

Meder, Stephan, Rechtsgeschichte, 5. Auflage, Köln, Weimar, Wien 2014 (zitiert: Meder).

Millar, Robert Wyness, Civil Procedure of the Trial Court in Historical Perspective, New York: The Law Center of New York University, 1952 (zitiert: Millar).

Mittermaier, Carl Joseph Anton, Der gemeine deutsche bürgerliche Prozeß in Vergleichung mit dem preußischen und französischen Zivilverfahren mit den neuesten Fortschritten der Prozeßgesetzgebung, 2. Auflage, Bonn 1822 (zitiert: Mittermaier).

Mittermaier, Martin, Über die Gründe der Verpflichtung zur Edition von Urkunden, Heidelberg 1835 (zitiert: Mittermaier, Martin).

Moosmayer, Klaus, Straf- und bußgeldrechtliche Regelungen im Entwurf eines Vierten Finanzmarktförderungsgesetzes, in: Zeitschrift für Wirtschafts- und Steuerstrafrecht 2002, 161 ff. (zitiert: Moosmayer, wistra 2002).

Murray, Peter L.; Stürner, Rolf, German Civil Justice, Durham, 2004 (zitiert: Murray/ Stürner).

Musielak, Hans-Joachim, Die Grundlagen der Beweislast im Zivilprozeß, Berlin 1975 (zitiert: Musielak, Beweislast).

–; Voit, Wolfgang, Zivilprozessordnung mit Gerichtsverfassungsgesetz, 12. Auflage, München 2015 (zitiert: Musielak/ Voit/ Bearbeiter).

Oberheim, Rainer, ZPO-Reform Update 1 – Grundzüge, in: Juristische Arbeitsblätter 2002, 408 ff. (zitiert: Oberheim, JA 2002).

Ohne Verfasser, Developments in the Law – Discovery, in: 74 Harvard Law Review (1961), 940 ff. (zitiert: Ohne Verfasser, 74 Harv. L. Rev.).

Peter, Hans, Actio und Writ, Tübingen 1957 (zitiert: Peter).

Peters, Egbert, Beweisvereitelung und Mitwirkungspflicht des Beweisgegners, in: Zeitschrift für Zivilprozeß 82 (1969), 200 ff. (zitiert: Peters, ZZP 82).

Radcliffe, Geoffrey Reynolds Yonge; Cross, Geoffrey, The English Legal System, 6. Auflage, London 1977 (zitiert: Radcliffe).

Rauscher, Thomas; Wax, Peter, Münchener Kommentar zur Zivilprozessordnung mit Gerichtsverfassungsgesetz und Nebengesetzen, Band 1, §§ 1–354, 2. Auflage, München 2000 (zitiert: MüKo/ ZPO/ Bearbeiter, Band 1, 2. Auflage).

–; Krüger, Wolfgang, Münchener Kommentar zur Zivilprozessordnung mit Gerichtsverfassungsgesetz und Nebengesetzen, Band 1, 4. Auflage München 2013, Band 2, 4. Auflage, München 2012 (zitiert: MüKo/ ZPO/ Bearbeiter).

Reinbacher, Tobias, Das Strafrechtssystem der USA, Berlin 2010 (zitiert: Reinbacher).

Reinhard, Jakob W., Klageerhebung und Beklagtenschutz nach US-amerikanischem und deutschem Zivilprozessrecht, Berlin 2006 (zitiert: Reinhard).

Reitz, John C., Grundlegende Unterschiede zwischen dem deutschen und dem U.S.-amerikanischen Zivilprozeßrecht: Vorzüge, die sich ausschließen?, in: Zeitschrift für Zivilprozeß 104 (1991), 381 ff. (zitiert: Reitz, ZZP 104).

Robinson, Glen O.; Gellhorn, Ernest; Bruff, Harold H., The Administrative Process, 3. Auflage, St. Paul, Minn. 1986 (zitiert: Robinson/ Gellhorn/ Bruff).

Rogers, John M.; Healy, Michael P.; Krotoszynski, Ronald J.; Administrative Law, 2. Auflage, Austin, Boston, Chicago, New York, The Netherlands 2008 (zitiert: Rogers/ Healy/ Krotoszynski).

Rosenberg, Leo; Schwab, Karl Heinz; Gottwald, Peter, Zivilprozessrecht, 17. Auflage, München 2010 (zitiert: Rosenberg/ Schwab/ Gottwald).

Säcker, Franz Jürgen; Rixecker, Roland; Oetker, Hartmut, Münchener Kommentar zum Bürgerlichen Gesetzbuch, Band 5, Schuldrecht, Besonderer Teil III, §§ 705–853, 6. Auflage, München 2013 (zitiert: MüKo/ BGB/ Bearbeiter).

Saenger, Ingo, Grundfragen und aktuelle Probleme des Beweisrechts aus deutscher Sicht, in: Zeitschrift für Zivilprozeß 121 (2008), 139 ff. (zitiert: Saenger, ZZP 121).

Schaaff, Petra, Discovery und andere Mittel der Sachverhaltsaufklärung im englischen Pre-Trial-Verfahren im Vergleich zum deutschen Zivilprozeß, Berlin 1983 (zitiert: Schaaff).

Schack, Haimo, Einführung in das US-amerikanische Zivilprozeßrecht, 4. Auflage, München 2011 (zitiert: Schack).

Schellhammer, Kurt, Zivilprozess, 14. Auflage, Heidelberg, München, Landsberg, Frechen, Hamburg 2013 (zitiert: Schellhammer).

–, Zivilprozessreform und erste Instanz, in: Monatsschrift für Deutsches Recht 2001, 1081 ff. (zitiert: Schellhammer, MDR 2001).

Schlink, J. Heinrich, Kommentar über die französische Civil-Prozeß-Ordnung, 2. Band, Koblenz 1843 (zitiert: Schlink/ Band).

Schlosser, Peter, Anmerkung zum Urteil des BGH v. 2.5.2002, in: JuristenZeitung 2003, 427 f. (zitiert: Schlosser, JZ 2003).

–, Der Justizkonflikt zwischen den USA und Europa, Berlin, New York 1985 (zitiert: Schlosser).

Schmid, Andreas Christian Johannes, Handbuch des gemeinen deutschen Civilprocesses, Erster Teil, Band 2, Kiel 1843 (zitiert: Schmid).

Schmid, Niklaus, Strafverfahren und Strafrecht in den Vereinigten Staaten, 2. Auflage, Heidelberg 1993 (zitiert: Schmid, Niklaus).

Schmidt, Karsten, Münchener Kommentar zum Handelsgesetzbuch, Band 1, §§ 1–104a, 3. Auflage, München 2010, Band 2, §§ 105–160, 3. Auflage, München 2011, Band 3, §§ 161–237, 3. Auflage, München 2012, Band 4, §§ 238–342e, 3. Auflage, München 2013 (zitiert: MüKo/ HGB/ Bearbeiter).

Schubert, Werner, Französisches Recht in Deutschland zu Beginn des 19. Jahrhunderts, Köln, Wien 1977 (zitiert: Schubert).

Schütze, Rolf A., Klagen vor US-amerikanischen Gerichten – Probleme und Abwehrstrategien, in: Recht der internationalen Wirtschaft 2005, 579 ff. (zitiert: Schütze, RiW 2005).

–, Zum Stand des deutsch-amerikanischen Justizkonfliktes, in: Recht der internationalen Wirtschaft 2004, 162 ff. (zitiert: Schütze, RiW 2004).

Schulze, Enika H.; Patterson, Susan R., Introduction to the American Legal System, 8. Auflage, Upper Saddle River, New Jersey 2013 (zitiert: Schulze/ Patterson).

Schurtmann, William; Walter, Otto L., Der amerikanische Zivilprozeß, Frankfurt, Deventer 1978 (zitiert: Schurtmann/ Walter).

Schwartz, Bernard; Corrada, Roberto L.; Brown, J. Robert; Administrative Law, 6. Auflage, New York 2006 (zitiert: Schwartz/ Corrada/ Brown).

Schwarz, Andreas Berthold, Equity, in: Heinsheimer, Karl, Die Zivilgesetze der Gegenwart – Sammlung europäischer und außereuropäischer Privatrechtsquellen, Band 2 (1931), 105 ff., Mannheim (zitiert: Schwarz).

Siehr, Kurt, „Forum Shopping“ im internationalen Rechtsverkehr, in: Zeitschrift für Rechtsvergleichung 25 (1984), 124 ff. (zitiert: Siehr, ZfRV 25).

Soergel, Hans Theodor, Bürgerliches Gesetzbuch mit Einführungsgesetz und Nebengesetzen, Band 5/ 1, §§ 705–822, 12. Auflage, Stuttgart 2007 (zitiert: Soergel/ Bearbeiter).

Spence, George, The Equitable Jurisdiction of the Court of Chancery, Volume 1, London 1846, Neuauflage 1981 (zitiert: Spence).

Staudinger, Julius von, Kommentar zum Bürgerlichen Gesetzbuch mit Einführungsgesetz und Nebengesetzen, Buch 2, Recht der Schuldverhältnisse, §§ 779–811, Berlin 2002 (zitiert: Staudinger/ Bearbeiter).

Stein, Friedrich; Jonas, Martin, Kommentar zur Zivilprozeßordnung, Band 3, §§ 128–252, 22. Auflage, Tübingen 2005 (zitiert: Stein/ Jonas/ Bearbeiter).

Strahan, James Andrew, A Digest of Equity, 5. Auflage, Großbritannien 1928 (zitiert: Strahan).

Stürner, Rolf, Die Aufklärungspflicht der Parteien des Zivilprozesses, Tübingen 1976 (zitiert: Stürner).

–, Einführung in das Thema, in: Bitburger Gespräche Jahrbuch 2003, hrsg. von der Stiftung Gesellschaft für Rechtspolitik, Trier und dem Institut für Rechtspolitik an der Universität Trier, München 2008 (zitiert: Stürner, Bitburger Gespräche).

Subrin, Stephen N., How Equity Conquered Common Law: The Federal Rules of Civil Procedure in Historical Perspective, in: 135 University of Pennsylvania Law Review (1987), 909 ff. (zitiert: Subrin, 135 Penn. L. Rev.).

Sward, Ellen E., A History of the Civil Trial in the United States, in: 51 The University of Kansas Law Review (2002), 247 ff. (zitiert: Sward, 51 K. L. Rev.).

Thibaut, Anton Friedrich Justus, System des Pandekten-Rechts, 3. Band, 7. Auflage, Jena 1828 (zitiert: Thibaut).

Thomas, Heinz; Putzo, Hans, Zivilprozessordnung, 36. Auflage, München 2015 (zitiert: T/ P/ Bearbeiter).

Ulrich, Jürgen, Selbständiges Beweisverfahren mit Sachverständigen, 2. Auflage, München 2008 (zitiert: Ulrich).

Wagner, Gerhard, Urkundenedition durch Prozeßparteien – Auskunftspflicht und Weigerungsrechte, in: JuristenZeitung 2007, 706 ff. (zitiert: Wagner, JZ 2007).

–; Schilken, Eberhard; Kreft, Gerhart; Eckardt, Diederich, Festschrift für Walter Gerhardt (Hrsg.), Köln 2004 (zitiert: Verfasser, FS Gerhardt).

Westermann, Harm Peter; Grunewald, Barbara; Maier-Reimer, Georg, Erman Bürgerliches Gesetzbuch, Band 2, 14. Auflage, Köln 2014 (zitiert: Erman/ Bearbeiter).

Wetzell, Georg Wilhelm, System des ordentlichen Civilprocesses, 3. Auflage, Aalen 1969 (zitiert: Wetzell).

Wiemann, Hans-Ulrich, Unternehmenspublizität nach amerikanischem Kapitalmarktrecht, 1. Auflage, Baden-Baden 1987 (zitiert: Wiemann).

Wolf, Christian, Rezension zu Heinz Thomas/ Hans Putzo: Zivilprozessordnung mit Gerichtsverfassungsgesetz, den Einführungsgesetzen und europarechtlichen Vorschriften, in: Zeitschrift für Zivilprozeß 116 (2003), 523 ff. (zitiert: Wolf, ZZP 116).

Wright, Charles Alan, The Law of Federal Courts, 4. Auflage, St. Paul, Minn. 1983 (zitiert: Wright).

Zekoll, Joachim; Bolt, Jan, Die Pflicht zur Vorlage von Urkunden im Zivilprozess – Amerikanische Verhältnisse in Deutschland?, in: Neue Juristische Wochenschrift 2002, 3129 ff. (zitiert: Zekoll/ Bolt, NJW 2002).

Zimmermann, Reinhard, Der europäische Charakter des englischen Rechts, in: Zeitschrift für europäisches Privatrecht 1 (1993), 4 ff. (zitiert: Zimmermann, ZEuP 1).

Zöller, Richard, Zivilprozessordnung, 31. Auflage, Köln 2016 (zitiert: Zöller/ Bearbeiter).

www.ingramcontent.com/pod-product-compliance
Ingram Content Group UK Ltd.
Pitfield, Milton Keynes, MK11 3LW, UK
UKHW021902290926
8980IPUK00015B/1012

9 783631 724118